古代歷史文化研究輯刊

三 編

王明蓀 主編

第 28 冊

《漢書》歷史哲學（下）

劉國平 著

國家圖書館出版品預行編目資料

《漢書》歷史哲學（下）／劉國平 著 — 初版 — 台北縣永和市：
花木蘭文化出版社，2010〔民 99〕
目 4+142 面；19×26 公分
（古代歷史文化研究輯刊 三編：第 28 冊）
ISBN：978-986-254-112-8（精裝）
1. 漢書　2. 歷史哲學

622.101　　　　　　　　　　　　　　　　　　　99001360

ISBN - 978-986-2541-12-8

9 789862 541128

古代歷史文化研究輯刊
三　編　第二八冊　　　　　　ISBN：978-986-254-112-8

《漢書》歷史哲學（下）

作　　者　劉國平
主　　編　王明蓀
總 編 輯　杜潔祥
出　　版　花木蘭文化出版社
發 行 所　花木蘭文化出版社
發 行 人　高小娟
聯絡地址　台北縣永和市中正路五九五號七樓之三
　　　　　電話：02-2923-1455／傳真：02-2923-1452
網　　址　http://www.huamulan.tw 信箱 sut81518@ms59.hinet.net
印　　刷　普羅文化出版廣告事業
初　　版　2010 年 3 月
定　　價　三編 30 冊（精裝）新台幣 46,000 元

《漢書》歷史哲學（下）

劉國平　著

上　冊

第一章　緒　論 1
　第一節　論題淺說 1
　　一、歷史哲學之意義 1
　　二、歷史與歷史哲學 3
　　三、《漢書》歷史哲學或班固之歷史哲學 5
　第二節　研究動機、態度、範圍與方法 6
　　一、動機 6
　　二、態度 6
　　三、範圍 7
　　四、方法 8
第二章　《漢書》撰者定位辯證 11
　第一節　《漢書》與司馬遷之關係 12
　第二節　《漢書》與諸好事者之關係 15
　　一、諸好事者所集時事能否成書之問題 15
　　二、諸好事者所集時事能否與固作相提並論
　　　　之問題 17
　　三、向歆父子是否有意續《太史公》之問題 18
　第三節　《漢書》與班彪之關係 20
　　一、從著史之精神考察 20
　　二、從史著之體制規模考察 23
　第四節　班固並時或稍前之人參撰《漢書》之問
　　　　題 25
　　一、前人成說之疑點 25
　　二、事實眞相之還原 28
　第五節　班昭、馬續與《漢書》之關係 31
　　一、《漢書》之完成及其流通之問題 33
　　二、〈八表〉及〈天文志〉未及竟之問題 36
　　三、班昭、馬續與《漢書》補續之問題 37
第三章　班固撰述《漢書》之時代背景及其所受
　　　　之限制與發展 43
　第一節　班固撰述《漢書》之史學背景 43
　　一、前人之補續《太史公》 43
　　二、父祖之影響與本身宦途之挫折 49
　　三、帝王對歷史之重視 54
　　四、史學能量的久蓄待發 56

第二節　班固撰述《漢書》之時代文化情境⋯⋯⋯ 58

一、光武明章三朝之時代氛圍⋯⋯⋯⋯⋯⋯ 58

二、儒學時代之來臨與士人政府之延續 65

三、讖緯之盛行⋯⋯⋯⋯⋯⋯⋯⋯⋯⋯ 68

第三節　班固撰述《漢書》之限制與發展 76

一、結構體例⋯⋯⋯⋯⋯⋯⋯⋯⋯⋯⋯ 77

二、內容範疇⋯⋯⋯⋯⋯⋯⋯⋯⋯⋯⋯ 79

三、撰述情感與心理⋯⋯⋯⋯⋯⋯⋯⋯ 86

第四章　《漢書》所展現之基本理念與立場 91

第一節　從人物與典制看《漢書》之中心思想 91

一、從歷史之權勢人物考察⋯⋯⋯⋯⋯ 91

二、從治國理念與典制考察⋯⋯⋯⋯⋯ 97

第二節　從「時代價值」看班固之處世原則⋯⋯⋯ 101

一、明哲保身終始可述之理想⋯⋯⋯⋯ 102

二、知所進退量力而爲之彈性⋯⋯⋯⋯ 104

三、實際行爲與處世原則之落差⋯⋯⋯ 109

第三節　從價值判斷看班固之客觀意識 111

一、誤解之澄清⋯⋯⋯⋯⋯⋯⋯⋯⋯⋯ 112

二、客觀之呈現⋯⋯⋯⋯⋯⋯⋯⋯⋯⋯ 119

第四節　從歷史判斷看班固之撰述立場 127

一、從「全史」與「我朝」考察⋯⋯⋯ 127

二、從「理想」與「現實」考察⋯⋯⋯ 133

三、從「集體」與「個體」考察⋯⋯⋯ 135

四、從體用關係考察⋯⋯⋯⋯⋯⋯⋯⋯ 137

第五章　《漢書》之歷史選擇與歷史解釋 141

第一節　《漢書》史料之來源與考證 141

一、漢王朝之內外藏書與諸續《太史公》之
作⋯⋯⋯⋯⋯⋯⋯⋯⋯⋯⋯⋯⋯⋯ 141

二、漢王朝保存之檔案資料⋯⋯⋯⋯⋯ 144

三、班固接聞或親見之當代史事⋯⋯⋯ 147

四、班固對史料之考證⋯⋯⋯⋯⋯⋯⋯ 149

第二節　《漢書》之歷史選擇⋯⋯⋯⋯⋯⋯⋯⋯ 156

一、價值之取向⋯⋯⋯⋯⋯⋯⋯⋯⋯⋯ 156

二、美善之標準⋯⋯⋯⋯⋯⋯⋯⋯⋯⋯ 158

三、鑑戒之標準⋯⋯⋯⋯⋯⋯⋯⋯⋯⋯ 159

四、新異之標準⋯⋯⋯⋯⋯⋯⋯⋯⋯⋯ 160

　　五、眞理之標準 ································· 162
　　六、《漢書》歷史選擇之缺失 ················· 165
　第三節　《漢書》之歷史解釋 ··················· 165
　　一、因果解釋與發生解釋 ··················· 167
　　二、融通解釋 ····························· 171
　　三、定性解釋與歸總解釋 ··················· 172
　　四、演繹解釋與歸納解釋 ··················· 176
　　五、其他解釋 ····························· 178
　第四節　《漢書》之歷史假設 ··················· 179
　　一、歷史假設之可能依據 ··················· 179
　　二、《漢書》歷史假設之三個層次 ··········· 181
　第五節　《漢書》對歷史偶然之看法 ············· 184

下　冊

第六章　《漢書》之天人觀與通變觀 ··········· 191
　第一節　《漢書》之天人觀 ··················· 191
　　一、《漢書》天人思想之根源及其理論依據 ··· 192
　　二、《漢書》天人思想之內涵 ··············· 195
　第二節　《漢書》之通變觀 ··················· 214
　　一、究觀歷史變遷之目的 ··················· 214
　　二、究觀歷史變遷之方法 ··················· 216
　　三、歷史變遷之內涵、關鍵及其應對之道 ····· 219
第七章　《漢書》經世思想之哲學考察 ········· 231
　第一節　《漢書》政治思想之哲學考察 ··········· 231
　　一、漢家統治政權之正當化 ················· 231
　　二、君權之起源與王道 ····················· 234
　　三、封建制度與官僚體系 ··················· 236
　第二節　《漢書》刑法思想之哲學考察 ··········· 244
　　一、法理意識 ····························· 244
　　二、刑法理念 ····························· 247
　　三、犯罪原理 ····························· 254
　　四、終極觀點 ····························· 257
　第三節　班固經濟思想之哲學考察 ··············· 259
　　一、土地問題與解決之道 ··················· 261
　　二、糧食問題與解決之道 ··················· 263

三、貨幣問題與解決之道 ⋯⋯⋯⋯⋯ 265
四、農商矛盾與解決之道 ⋯⋯⋯⋯⋯ 269

第八章 《漢書》之藝文思想與美之展示 275
第一節 《漢書》對文士之看法 275
一、文士偉大之層次 ⋯⋯⋯⋯⋯⋯⋯ 275
二、文心史筆之判分 ⋯⋯⋯⋯⋯⋯⋯ 278
第二節 《漢書》對文學功用之主張 280
一、諷諫 ⋯⋯⋯⋯⋯⋯⋯⋯⋯⋯⋯⋯ 281
二、歌頌 ⋯⋯⋯⋯⋯⋯⋯⋯⋯⋯⋯⋯ 284
三、觀盛衰與風俗之厚薄 ⋯⋯⋯⋯⋯ 285
第三節 《漢書》對美文條件之要求 287
一、靡麗 ⋯⋯⋯⋯⋯⋯⋯⋯⋯⋯⋯⋯ 287
二、古典與實錄 ⋯⋯⋯⋯⋯⋯⋯⋯⋯ 288
三、巨麗宏富 ⋯⋯⋯⋯⋯⋯⋯⋯⋯⋯ 290
第四節 《漢書》之歷史想像 291
一、歷史想像之必要 ⋯⋯⋯⋯⋯⋯⋯ 291
二、《漢書》歷史想像舉隅 ⋯⋯⋯⋯ 294
第五節 《漢書》之美 296
一、直敘其事的神靈活現 ⋯⋯⋯⋯⋯ 297
二、抽象具象之俱擅妙場 ⋯⋯⋯⋯⋯ 299
三、營情造境之美感天地 ⋯⋯⋯⋯⋯ 302
四、對話應用之恰當生動 ⋯⋯⋯⋯⋯ 303
五、稱官繁辭之古雅可親 ⋯⋯⋯⋯⋯ 304
六、音聲節奏之朗暢如流 ⋯⋯⋯⋯⋯ 305

第九章 結論 309
第一節 《漢書》可否視爲班固一家言之問題 ⋯ 309
第二節 《漢書》之成書及其所受限制與發展之
問題 ⋯⋯⋯⋯⋯⋯⋯⋯⋯⋯⋯⋯⋯ 310
第三節 《漢書》之基本理念與撰述立場之問題 311
第四節 《漢書》歷史選擇與歷史解釋之問題 312
第五節 《漢書》天人與通變思想之問題 313
第六節 《漢書》經世思想之問題 314
第七節 《漢書》文藝思想之問題 315
第八節 《漢書》歷史哲學定位之問題 316

參考資料 ⋯⋯⋯⋯⋯⋯⋯⋯⋯⋯⋯⋯ 319

第六章 《漢書》之天人觀與通變觀

第一節 《漢書》之天人觀

　　昊昊上蒼在地球萬有「未始之始」之前早已存在,「歷史」以後,牠開始時時刻刻深切地影響者生民百姓的生活,也因此萬民也都投以關注之眼神,只是西方的民族帶著較多的好奇,因此對自然宇宙抱著「研究探知」的態度;而東方的民族,尤其是華夏的子民,則帶著虔誠恭敬之心,或經由神話與巫術的思考方式,視天為一有意志之精神體,試圖透過某些特定的對象(巫師)及儀式與之「溝通」;或視天為萬有規律運作之實體,只有秩序,並無神靈,而欲運用智慧去瞭解這個秩序,以乞求天人的和諧共存〔註1〕。自戰國以降在齊地更有一派學者試圖由天地為首的相對性中,以陰陽五行之生剋來作為一種普遍的解釋,以解開人天乃至歷史的變遷之鎖,試圖一勞永逸的闡明其間之奧秘與關聯。

　　另一方面,傳統史官也試著透過長時段對天變與人事的可能關聯作觀察,並加以紀錄,以求在無盡的歸納中,找出其必然存在的對應點,以為後世君民一體同尊之法則,進而提供君王修飭自身,以詭禍為福,傳世久遠;教導黎民生產作息,以立命養生,安居樂業。

　　東方華夏的這兩股主流,在漢武帝之時,各自出現了一個代表性的人物,代表齊學演進而附會《春秋》以自立的集大成人物是董仲舒,《春秋繁露》是

〔註1〕 見呂理政,《天、人、社會》(中央研究院民族學研究所,民國79年3月),頁3。

他的代表作；代表史官傳統的集大成人物則是司馬遷，《史記》是其代表作。
史官不僅長時段地觀察天變與人事，也記錄整理了天行之常而成曆法，故較
純論陰陽五行者來得客觀。可是學術流派及勢力發展上，卻恰好相反。陰陽
五行因附會於漢武獨尊儒術的表衣之下，其後又進一步與讖緯合流，而有了
更大的勢力，最後終於成為一股動言陰陽災異之滾滾洪流。

　　觀〈儒林傳〉所載名儒，自董仲舒以下，如許商傳大夏侯之學，即著有
《五行論曆》，且四至九卿；李尋傳小夏侯之學，而善說災異，為騎都尉；梁
丘賀從京房受《易》，以筮有應得幸；費直長於卦筮，無章句；高相治《易》，
其學亦無章句，專說陰陽災異。顏、嚴公羊之學俱眭孟之傳，向、歆父子更
是陰陽災異高手。班固雖非史官出身，但受明帝之命而作史，固不能不承史
官之統，而當時陰陽五行讖緯之專學既盛，西京亦復有此一種人，班固亦不
能不記，因此兩種系統並存於《漢書》，但兩種系統都不是他之專精，亦皆有
所本。惟整部《漢書》的字裡行間仍突顯了他對天人以及相關問題的看法，
班書亦自許其書「準天地，統陰陽」，因此有加以研究的必要與價值。而歷史
除了有其必然之趨勢外，也牽涉到時運、天命與鬼神，這些都與天人的課題
有所牽連，因此也該一并予以探究。

一、《漢書》天人思想之根源及其理論依據

　　前已言之，對天人關係之探討觀察，有兩大系統，此兩大系統分判極明。
而其探察之結果，史官系統備載於〈天文志〉，陰陽五行系統，則備載於〈五
行志〉，此乃就系統本身言，至其對整個天人關係的終極看法與態度言，則應
通考全書而後論。李景星曾簡單的分判：

> 竊謂〈五行志〉與〈天文志〉相表裡，凡變異見于上者備載〈天文
> 志〉；凡變異見於下者備載〈五行志〉。〔註2〕

但此說仍有不足，蓋〈五行志〉下之下所記日食、星雨、星孛、隕石、彗星
等，都溢出其分判的範圍。不過李之分判，大體仍可謂「雖不中，亦不遠」，
且簡而易明，茲據之以論，並簡稱為天文系統與五行系統。先說天文系統。《史
記・天官書》載太史公曰：

> 自初生民以來，世主曷嘗不歷日月星辰？及至五家、三代，紹而明

〔註2〕見《四史評議》，〈漢書評議・五行志第七〉（湖南：岳麓出版設社，1986 年
　　　11 月），頁 169。

> 之，内冠帶，外夷狄，分中國爲十有二州，仰則觀象於天，俯則法
> 類於地。天則有日月，地則有陰陽。天有五星，地有五行。天則有
> 列宿，地則有州域。三光者，陰陽之精，氣本在地，而聖人統理
> 之。

是天文系統之始，也是仰觀俯察，連類天地，本於《易·繫辭》之說〔註3〕，並內諸夏而外夷狄，以華夏的觀點劃域分州，而成對應之基點。其中曆法與人間作息關聯最密，另成一個天人和諧之系統，亦即人當「依曆」作息生產，不違天時。而當陰陽不諧；水火不濟；寒暑、冰霜不時；風不調；雨不順之時，其解釋即轉入陰陽「災異」的系統。天文系統之主要觀察點則在星與氣，故〈太史公自序〉云：

> 星氣之書多雜機祥不經。推其文，考其應，不殊。比論集其行，驗
> 於軌度以次，作〈天官書〉。

星包括彗星、流星，日、月、五星（金、木、水、火、土）、列宿（各星系主星），氣則爲雲、霧、霞。而所有的日月星辰（三光），都是「氣生於地，精成於天」而成，氣既本在於地，而由聖人統理之，於是天人之系統乃有其貫性通，乃能講得順。哲學上也才有其成立的依據。

〈天官書〉又云：

> 幽厲以往，尚矣。所見天變，皆國殊窟穴，家占怪物，以合時應，
> 其文圖籍機祥不法。是以孔子論六經，紀異而說不書。至天道命，
> 不傳；傳其人不待告，告非其人，雖言不著。
> 昔之傳天數者：高辛之前，重、黎；於唐、虞，羲、和；有夏，昆
> 吾；殷商，巫；周室，史佚、萇弘；於宋，子韋；鄭則神灶；在齊，
> 甘公；楚，唐眛；趙，尹皋；魏，石申。

日月星辰之運行隱沒，通常有一定之軌跡與時間，雲霧霞光亦大體有一定色澤態勢，一但有異常的變化產生，就是「天變」了。不斷地收集「天變」時，人間世相對所生的變化，而歸納出一種解釋的學問，就叫「天數」。而從高辛之前的重、黎，一直到齊、楚、趙、魏的星象天數家，他們的著作，就是太史公〈天官書〉史料的來源。而班書〈天文志〉前之序則云：

> 凡天文在圖籍昭昭可知者……皆有州國官宮物類之象。其伏見蚤
> 晚，邪正存亡，虛實闊狹，及五星所行，合散犯守，陵歷鬥食，彗

〔註3〕《易·繫辭》云：「古者庖犧氏之王天下也，仰則觀象於天，俯則觀法於地」。

> 孛飛流，日月薄食，暈適背穴，抱珥虹蜺，迅雷風袄，怪雲變氣：
> 此皆陰陽之精，其本在地，而上發于天者也。政失於此，則變見於
> 彼，猶景之象形，鄉之應聲。是以明君睹之而寤，飭身正事，思其
> 咎謝，則禍除而福至，自然之符也。

這一段文字與司馬遷所說表面上雖有不同，實則內容如出一轍。司馬遷以為「三光者，陰陽之精，氣本在地」，班固亦以為一切的星氣之變，「皆陰陽之精，其本在地，而上發于天者也」。馬遷以「聖人統理之」，貫通天人，班承其意，直言「政失於此，則變見於彼，猶景之象形，鄉之應聲。是以明君睹之而寤，飭身正事，思其咎謝，則禍除而福至，自然之符也」，這是直接說天人感應。因此吾人可說，班固天文星氣系統的天人感應之說，乃直承馬遷而來，而其最根處之源頭，則是《易》。所以〈藝文志〉云：

> 天文者，序二十八宿，步五星日月，以紀吉凶之象，聖王所以參政
> 也。《易》曰：「觀乎天文，以察時變」。

至其陰陽五行災異之學，則來自董仲舒與劉向、歆父子，間及西京言災異諸子。〈五行志〉說：

> 漢興，承秦滅學之後，景、武之世，董仲舒治《公羊春秋》，始推陰
> 陽，為儒者宗。宣、元之後，劉向治《穀梁春秋》，數其禍福，傳以
> 《洪範》，與仲舒錯。至向子歆治《左氏傳》，其《春秋》意亦已乖
> 矣；言〈五行傳〉，又頗不同。是以攬仲舒，別向、歆，傳載眭孟、
> 夏侯勝、京房、谷永、李尋之徒所陳行事，迄於王莽，舉十二世，
> 以傳《春秋》，著於篇。

而這些人所學亦可以細言之：大抵言災異者，本於《易》，而言五行者本於《書》。因為〈藝文志〉《易》類十三家中，即列有雜災異三十五篇、神輸五篇[註4]以及災異孟氏京房六十六篇。而劉向〈五行傳記〉十一卷及許商〈五行傳記〉一篇，則屬之《書》類九家之中。然不論是言災異或是言陰陽，莫不附之《春秋》。故嚴格言之，陰陽五行災異之學，至少牽涉三大典籍。〈敘傳〉云：

> 《河圖》命庖，《洛書》賜禹，八卦成列，九疇攸敘，世代實寶，光
> 演文武，《春秋》之占，咎徵是舉。告往知來，王事之表。述〈五行

[註4] 師古曰：「劉向《別錄》云：『神輸者，王道失則災害生，得則四海輸之祥瑞』。」

志〉第七。

則更明白的說明由庖犧氏依《河圖》演八卦，再由文王演爲六十四卦而《周易》成；由禹治洪水得《洛書》，取法陳之而《洪範·九疇》立，至於《春秋》所載有關之災異，十分明白，而皆能與前二者相發明印證。故班書於〈五行志〉前之序亦曰：

> 昔殷道弛，文王演《周易》；周道敝，孔子述《春秋》。則〈乾坤〉
> 之陰陽，效〈洪範〉之咎徵，天人之道粲然備矣。

所以《周易》、〈洪範〉可謂五行災異思想之源頭；《春秋》則爲其實證比附之所寄。董仲舒、劉向、歆父子、兩夏侯及眭、京、翼、李等則是其天人學說之取經處。

此外班固既爲一史家，尤其馬遷在前，已有究天人之際的呼聲，則他對天人思想必有一番「從歷史而來」之深思與考察印證（即使這種深思與印證的結果，甚至與與天人感應之思想相對反）。這當是班固天人思想的另一來源。最後一個牽涉天人思想之根源，則是來自父親的〈王命論〉。

班固於其父所著之後傳數十篇，隻字未提，但於乃父答隗囂之問與〈王命論〉一篇則詳錄之，可見他對於〈王命論〉之重視。其後班固說劉氏之興與得天之統，就是依據父說與劉歆之說而來。

二、《漢書》天人思想之內函

（一）天人感應

1. 由天文系統觀察

依據《太平御覽》，卷二三五〈職官部〉引應劭的話說：「太史令秩六百石，掌天時星曆，凡歲奏新年曆，凡國祭祀喪取（娶）之事奏良日，國有瑞應災異記之」，是做爲一個史官之職掌十分明白。這其中可略分爲天文與曆法二大部。除曆法已著於〈律曆志〉之外，其餘有關天文瑞應星象災異之學，則展現於〈天官書〉。而〈天官書〉表見天人關係者，有三點可說。其一，就人類生長之大環境與人之關係言，日月星辰之運行及山川地理形勢等皆影響著氣候、物產及人類的作息甚至生活方式。因此人需要配合著宇宙的某種律則（例如春耕、夏耘、秋收、冬藏），才能求生存。於此連繫天人，人自當順天應時，以求天人合一，此乃無庸置疑者。其次，人生蒼穹之下，對生存環境之自然現象必有所觀察，進而有所了解，有所歸納，認爲天行有常。一旦

天象星氣有異，則以人間社會相對之事爲解釋，於是天象與人事就產生了互動之關聯，班固認爲這是可以加以考察而找出某種律則的。所以班固於〈敍傳〉說：

> 炫炫上天，縣象著明，日月周輝，星辰垂精。百官立法，宮室混成，降應王政，景以燭形。三季之後，厥事放紛，舉其占（天文之占）應，覽故考新。述〈天文志〉第六。

不過班書〈天文志〉孝昭以後的部分，恐多馬續手筆，不過馬續校補得也不好，今本〈天文志〉，除其前之序外，絕不類班固手筆。班固於各志改寫處，較馬遷原著毫不遜色。如〈溝洫志〉班固改寫魏文侯一段及別起數段皆有可觀，尤其所錄賈讓治河三策，足以隱括一切河策，可謂慧眼獨具。又如〈郊祀志〉開首一段，引經據史，議論平正，所錄谷永之說，尤正大光明。〈食貨志〉更被譽爲中國第一部經濟史。其他〈禮樂志〉、〈律曆志〉亦立論宏正，不下史公。唯獨此志抄《史記》，也抄得不好，致罅漏時見。例如《史記・天官書》云：

> 近世十二諸侯七國相王，言從衡者繼踵，而皋、唐、甘、石因時務論其書傳，故其占驗淩雜米鹽。

史公既不滿皋、唐、甘、石占驗之淩雜米鹽，因此所錄皆天下大事之占。而且從項王救鉅鹿起，至武帝兵征大宛止，太史公只說：

> 項羽救鉅鹿，枉矢西流，山東歲合縱諸侯，西坑秦人，誅屠咸陽。漢之興，五星聚東井。平城之圍，月暈參、畢七重。諸呂作亂，日蝕，晝晦。吳、楚七國叛逆，慧星數丈，天狗過梁野；及兵起，歲伏尸流血其下。元光、元狩，蚩尤之旗再見，長則半天。其後京師師四出，諸夷狄者數十年，而伐胡猶甚。越之亡，熒惑守斗；朝鮮之拔，星茀于河戌；兵爭征大宛，星茀招搖：此其犖犖大者。

〈天文志〉既照抄此二段，並於「其占驗淩雜米鹽」下，加入「無可錄者」四字，則也應該有類似之認知，然其後所錄，反有「鱗雜米鹽」的現象，這只要翻翻〈天文志〉漢昭帝以後部分，就可以知道了。另外一個現象，就是該抄不抄。例如〈天官書〉云：

> 日變修德，月變省刑，星變結和。凡天變，過度乃占。國君彊大，有德者昌；弱小，飾詐者亡。太上修德，其次修政，其次修禳正，下無之。夫常星之變希見，而三光之占繇用。日月暈適，風雲此，

天之客氣，其發見亦有大運。然其與政事俯仰，最近天人之符。此
五者，天之感動。爲天數者必通三五。終始古今，深觀時變，察其
精粗，則天官備矣。

《漢書》則未抄錄此段，若果《漢書》有更勝之議論，自可不抄此段，但〈天
文志〉議論可謂貧乏不說，上述文字更是研究天文星氣的目的所在，蓋既知
災之將生，必思對策以防之，災之既成，則思補裨之道以救之。所謂修德，
修政、修救、甚至修禳，都是有所救之之道。如果面對災異，什麼事也不作，
那還研究天官作啥？但今書〈天文志〉卻無有類似言論，這不但奇怪，也違
反他撰述〈天文志〉之宗旨。〔註5〕

2. 由五行系統觀察

〈天文志〉少見班固之論見，但〈五行志〉，則有他不少的見解，他更舉
了許多例證，以說明災異與感應。但「因果關聯」上不很統一，大別之有二
種方式。第一種形式是「由天而人」的「天人相感」。這是由五行之災異，「說
明」或「解釋」政治上之大災難。例如武帝建元六年（前 135 年）六月丁
酉，遼東高廟災；四月壬子，高園便殿火，班固記錄了董仲舒的長篇解釋之
後說：

征和二年春，涿郡鐵官鑄鐵，鐵銷，皆飛上去，此火爲變使之然
也。其三月，涿郡太守劉屈氂爲丞相。後月，巫蠱事興，帝女諸邑
公主、陽石公主、丞相公孫賀、子太僕敬聲、平陽侯曹宗等皆下獄
死。七月⋯⋯太子與丞相劉屈氂戰，死者數萬人⋯⋯成帝河平二年
正月，沛郡鐵官鑄鐵，鐵不下，隆隆如雷聲，又如鼓音，工十三人
驚走。音止，還視地，地陷數尺，鑪分爲十，一鑪中鐵散如流星，
皆上去⋯⋯其夏，帝舅五人封列侯⋯⋯後二年，丞相王商⋯⋯自殺。
明年京兆尹王章⋯⋯下獄死，妻子徙合浦。後許皇后坐巫蠱廢，而
趙飛燕爲皇后，妹爲昭儀，賊害皇子，成帝遂亡嗣。皇后、昭儀皆
伏辜。

姑不論班氏之錯置類別〔註6〕，僅就這種「若五行方面有怎樣之異象，則人間
必有怎樣的災難」的邏輯而論，也是「異象先生，人事後成」的，其說雖有

〔註5〕 楊樹達，《漢書窺管》亦云：「古人於君主專政無可如何，故則爲陰陽五行災
異之說以恐之。漢世此說盛行，故班氏創爲此志以記其說。」

〔註6〕 鐵不下或鐵銷上飛，此於五行屬金，不屬火。〈五行志・上〉亦曰：「一曰鐵
飛屬金不從革。」

因果演繹之味，卻完全是一種事後諸葛的推論，並且只言「必有」、「必會」，而不問「爲何有」、「爲何會」，更不提消災解厄之道。故神祕之色彩，最爲濃厚，也較乏理論意義。蓋歷史於此唯有必然之歧途，絕無正確之方向。因爲異象既生，人世焉得不有災難以應之。

第二種形式，則是「由人而天」的「人天相感」。此種方式明確界定由君王或政府施政之不當，因陰陽五行之關聯，而引發災變，例如〈傳〉曰：

> 簡宗廟，不禱祠，廢祭祀，逆天時，則水不潤下。

班固則舉：高后三年（前 185 年）夏，漢中、南郡大水（是時女主獨治，諸呂相王）；文帝後元三年（前 161 年）秋，大雨，晝夜不絕三十五日（是時有新垣平之事）；元帝永光五年（前 130 年）夏及秋，大水（先一年有司奏罷郡國廟，是歲又定迭毀之禮）等爲說，以證成伏生〈洪範五行傳〉的說法。這雖也是事後的推論，也有神祕的色彩，但比第一種方式來得有意義。因爲他是由同類行事歸納出同類災難，且是先行事後災難，而災難既由人所引起，則人對此災難，就有一種責任，且人之行爲如未失德，則災難不生，更有警世之作用。

但不論何種方式之關聯，都一樣的說明了班固對天人相感的思想。所以〈五行志〉中之下，班固云：

> 昭帝元鳳元年，有烏與鵲鬥燕王宮中池上，烏墮池死，近黑祥也。
> 時燕王旦謀爲亂，遂不改寤，伏辜而死。楚、燕皆骨肉藩臣，以驕怨而謀逆，俱有烏鵲鬥死之祥，行同而合占，此天人之明表也。

而且班固未曾如史公廣遊各地，而遍記祥異如黃龍、白麟、赤雁、黃鵠、鳳凰、神爵、五色鳥、能言鳥、白稚、黑稚、犀牛、寶鼎、九莖蓮葉、甘露、日食、日夜出、兩月重見、興孛、星隕、無冰、大雨雪、隕霜殺草、桑、稼、雷雨雹大如馬頭、斧、雨血、風赤如血、大風、地震、山崩、石立、石鳴、隕石、火災、鐵飛、天旱、蝗螟、男子化女生子、兒未生啼於腹中、兩頭兒（連體嬰）、頭長角、角有毛、民驚、雌雞化雄、雄雞生角、牛足出背上、黃鼠銜尾舞、狗生角、狗與彘交、馬生角、蝦蟆群鬥、蛇鬥、雨魚、大魚、桃李花不時、蟲食葉成文、斷樹復立、天雨草、大船自覆、大門自壞、銅龜蛇鋪首鳴、陵寢神衣自走、墓門梓柱生枝葉上出屋等所有奇奇怪怪之事，可謂極盡蒐奇神祕之記載。而班固於他處所取董仲舒、劉向、歆父子之論，多未作批判，唯獨〈五行志〉，雖取三人之說，但有不同意見者，班固必高標己見，

這也說明他之深信、深重此道。

歷史反應社會，〈五行志〉雖是當時社會現象的一種呈現，然由陰陽五行系統看班固之天人觀，卻唯是迷霧一團。所有一切的異象，無一不有解釋；無一不可解釋，也幾乎到了「國殊窟穴」，「無怪不書」之地步。但〈五行志〉外，則未嘗不顯見其清空靈明之一面。

3. 班固對天人思想操作的外在批判

從純理出發，吾人可見班氏對天人關係之相信與執著。蓋如果純就〈五行志〉而論，吾人猶可說那是班氏對當時顯學之紀錄，但事實上班固的表現絕不止此。〈楚元王傳附劉向傳〉載劉向懼周堪、張猛傾危，欲己得進以助之而上書；又以上無繼嗣，政出王氏，災異寖甚，而上封事極諫；元延中（前12～19 年），又以星孛東井，蜀郡岷山崩壅江，心惡此異，懷不能已，也上書懇切陳辭。大抵〈劉向傳〉所錄之上書，其內容皆上言天異，下申人事，班固不獨錄其文，更以劉向繫漢之興亡〔註7〕，贊語更盛稱劉向是孔子以後，眾多綴文之士中，少數幾個言語有補於世者。尤其推崇他父子二人之著作，謂劉氏「〈洪範論〉發明〈大傳〉，著天人之應；〈七略〉剖判藝文，總百家之緒；〈三統曆譜〉考步日月五星之度，是有意推本之作。同傳又載周堪、劉更生下獄，蕭望之免官後，班固接著說：「其春地震，夏，客星見昴、卷舌間。上感悟，下詔賜望之爵關內侯。」凡此皆可見渠對天人關係的堅定信念。〈燕刺王劉旦傳〉載，旦欲殺霍光廢帝以自王，則併載：

> 是時天雨，虹下屬宮中飲井水，井水竭。廁中豕群出，壞大官灶。烏鵲鬥死。鼠舞殿端門中。殿上戶自閉，不可開。天火燒城門。大風壞宮城樓，拔折樹木。流星下墮。后姬以下皆恐。王驚病，使人祠葭水、台水。王客呂廣等知星，爲王言：「當有兵圍城，期在九月十月，漢當有大臣戮死者。」

〈廣陵王劉胥傳〉載胥見昭帝年少無子，有覬欲心，使女巫下神詛咒，則併載：

> 胥宮園中棗樹生十餘莖，莖正赤，葉白如素。池水變赤，魚死。有鼠晝立舞王后庭中。

〔註7〕 〈劉向傳〉載：「向每召見，數言公族者國之枝葉，枝葉落則本根無所庇陰；方今同姓疏遠，母黨專政，祿去公室，權在外家，非所以彊漢宗，卑私門，保守社稷，安固後嗣也。」又云：「（向）居列大夫官三十餘年，年七十二卒。卒後十三歲而王氏代漢。」

〈昌邑王劉賀傳〉載賀將敗，則併載：

> 嘗見白犬，高三尺，無頭，其頸以下似人，而冠方山冠。後見熊，
> 左又皆莫見。又大鳥飛集宮中……後又血汙王坐席……王夢青蠅之
> 矢積東西階……

〈翟方進傳〉載翟義欲舉兵反王莽，則併載：

> 家數有怪，夜聞哭聲，聽之不知所在。宣教授諸生滿堂，有狗從外
> 入，齧其中庭群鴈數十，比驚救之，已皆斷頭。狗走出門，求不知
> 處。

這些豈不是班固對天人關連與感應之肯定？此外，他錄董仲舒的天人三策，
推爲漢家儒宗，〈五行志〉大量採用其說。元鳳三年（前 78 年）的異象，眭
孟推言「此當有從匹夫爲天子者」，後雖以妄設訞言惑眾的罪名被殺，但班固
卻指出，「後五年，孝宣帝興於民間，即位，徵孟子爲郎」。不但證成其事，
還附帶平反之意。他指出夏侯始昌「明於陰陽，先言柏梁臺災日，至期日果
災」；又載夏侯勝諫昌邑王「天久陰而不陽，臣下有謀上者」，「是時，光與車
騎將軍張安世謀欲廢昌邑」，結果「光、安世大驚，以此益重經術士」。又載
「永光、建昭（前 45〜34 年）間，西羌反，日蝕，又久清亡光，陰霧不精，
（京）房數上疏，先言其將然，近數月，遠一歲，所言屢中。」〈藝文志‧術
數略‧五行〉小序更云：「其法亦起五德終始，推其極則無不至。」是一切陰
陽五行皆可相連於人事而論了。大陸研究兩漢思想之學者祝瑞開以爲，班固
一方面立〈五行志〉倡言陰陽五行災異，一方面卻又反對淫祀，神仙、厚葬
及董仲舒、大小夏侯、眭孟、京房、翼奉、李尋等，推演陰陽災異之類的迷
信，是自我矛盾的行爲〔註8〕。事實豈是如此簡單？

然則班固是否對天人思想有所批判，答案是肯定的，但此批判乃操作上、
外在性之批判，不同於內在、根底之批判。因此不得認爲班固的天人思想有
矛盾。從雜占來講〈藝文志‧方技略〉云：

> 雜占者，紀百事之象，候善惡之徵。《易》曰：「占事知來。」眾占
> 非一，而夢爲大，故周有其官。而《詩》載熊羆虺蛇眾魚旐旟之夢，
> 著明大人之占，以考吉凶，蓋參卜筮。

這是從眾多的事物現象，去歸納了解事物之善惡（吉凶）的一門學術，自然
也是天人相感之一環，但〈方技略〉也說：

〔註8〕見《兩漢思想史》（上海：古籍出版社，1989 年 6 月），頁 290〜291。

《春秋》之說訞也，曰：「人之所忌，其氣炎以取之，訞由人興也。人失常則訞興，人無釁焉，訞不自作。」故曰：「德勝不祥，義厭不惠。」桑穀共生，大戊以興；鴝雉登鼎，武丁爲宗。然惑者不稽諸躬，而忌訞之見，是以《詩》刺「招彼故老，訊之占夢」，傷其舍本而憂末，不能勝凶咎也。

天人相感是絕對可信的，當一切異象（地上反常變異之現象謂之訞）發生，首先要反躬自省，修德行義，改邪歸正，不要動輒訊之占夢。因爲「訞由人興」，一切的異象之顯現，都是人爲行事之失常，光在占夢上打轉，是無法避凶去咎的。這自然是種外在之評論。又如〈藝文志‧數術略〉云：

著龜者，聖人之所用也。《書》曰：「女則有大疑，謀及卜筮。」《易》曰：「定天下之吉凶，成天下之亹亹者，莫善於著龜。」「是故君子將有爲也，將有行也，問焉而以言，其受命也如嚮，無有遠近幽深，遂知來物。非天下之至精，其孰能與於此！」及至衰世，解於齊戒，而耍煩卜筮，神明不應。故筮瀆不告，《易》以爲忌；龜厭不告，《詩》以爲刺。

在此班固還是「肯定」占著與龜卜，以爲能透過某種感應而預測吉凶，以作爲人生行事之準則或參考。但他也指出占卜之不可濫用，一旦濫用，不但少了一分敬意，更少了做爲一個人應有之努力，凡事求神問卜，就是神明也會厭煩的，最後來個相應不理。蓋唯有自助而後才能企盼天助。

此外天人感應之學，在班固看來雖是一種規律、常道、有用的學術，但也是非常深奧微妙的，並不是每一個人都可以學而言的。所以班固總括〈術數略〉云：

術數（包括兵權謀、兵形勢、兵陰陽、兵技巧、天文、曆譜、五行、著龜、雜占、形法，此偏於天文曆法言）者，皆明堂羲和史卜之職也。史官之廢久矣，其書既不能具，雖有其書而無其人。《易》曰：「苟非其人，道不虛行。」

班固於〈眭兩夏侯京翼李傳〉也指出：子貢猶言「夫子之文章可得而言，夫子之言性與天道，不可得而聞。」認爲連聖人之智，都不太願意談天道，一般人更須謹慎將事。該傳〈贊〉語更進一步申論說，董仲舒等人於陰陽五行災異之道術，未必通達明澈，只是所言既多，故時有中者。尤其是以此說來「納說時君」，既充滿不確定性，故須特別小心。〈敘傳〉也因此以歷史教訓

之姿提出告誡：

> 占往知來，幽贊神明，苟非其人，道不虛行。學微術昧，或見仿佛，
>
> 疑殆匪闕，違眾近世，淺為尤悔，深作敦害。

因為〈敘傳〉有提要之作用，最足以表現班固本意，而上述「占往知來，幽贊神明，苟非其人，道不虛行」四句，正說明班固對此術之肯定，只是「學微術昧」之時，學者不加深究精研，又缺乏「闕疑」的精神，所以才惹來禍害。由此更可見，班固的批判，大抵是從操作上立論發言，而非對五行災異之學有所懷疑。

（二）鬼、神

鬼神之祀，本為一種民間信仰。是一種準宗教，有一定之儀式；也有一定之人事，通鬼神者謂之巫、覡；掌儀式進行者，謂之祝、宗。祭祀的基本精神在敬、在誠，目的在滿足人的某種所求。故宗教行為之本質是一種「人神交易」，你愈信牠，愈能從牠身上獲得力量；你不信，則無能從牠身上獲取任何一絲一毫之幫助。班固於〈郊祀志〉曾簡單的指出祭祀的目的說：

> 昔在上聖，昭事百神，類地禋宗，望秩山川，明德維馨，永世豐年。

這代表人類對神靈的原始而普遍的祈求——永世豐年。與人間的交往不必相同，對有所求之鬼神總要「欲取先與」，於是先要「祭祀」，後求反饋。班固說：

> 《洪範》八政，三曰祀。祀者所以昭孝事祖，通神明也。

是祭祀之作用其實有三：一曰昭孝，二曰事祖，三曰通神明。昭孝、事祖經由儒家人文精神的轉進，已落於生民百姓的生活之中，於特殊的日子，展演其慎終追遠的化俗，班固所說，重不在此，而在「通神明」。華夏民族自古即認為天地山川各有其神，所以「郊天祭地」或是「郊祀社稷」也是「所從來尚矣」。不過這是帝王的工作，不是一般人可以插手的。自周公制禮之後規定：「天子祭天下名山大川……諸侯祭其疆內名山大川，大夫祭門、戶、井、灶、中霤五祀，士庶人祖考而已。」於是「各有典禮，而淫祀有禁」〔註9〕。但自齊威、宣時代，鄒子之徒論著終始五德之運，並由齊人奏之秦帝之後，於是投機之徒開始「為方僊道，形銷化解，依於鬼神之事」。而阿諛苟合之徒，藉著人主想要預知、健康、長壽、成仙、求子的心理，開始要求一些奇奇怪怪

〔註9〕《漢書・郊祀志上》。

的祭祀。這才是班固所要批判的。他透過歷史的觀察：由秦始皇求仙，終駕崩於沙丘；文帝時辛垣平之預知，終明白爲一騙局；武帝更被李少君、少翁、欒大、公孫卿等欺騙玩弄，元帝因病而復諸園寢廟及郡國廟，但終究是寢疾連年；成帝以無繼嗣故，尤尙鬼神，然絕無子嗣；哀帝寢疾，盡復前世所興諸神祠官，但疾不瘳而崩，因而知道這類情事求事鬼神毫無用處，所以當他寫到谷永爲成帝解說祭祀方術的道理、事證及結論：

> 夫周秦之末，三五之隆，已嘗專意散財，厚爵祿、竦精神，舉天下以求之矣。曠日經年，靡有毫氂之驗，足以揆今。經曰：「享多儀，儀不及物，惟曰不享。」《論語》說曰：「子不語怪神。」唯陛下距絕此類，毋令姦人有以窺朝者。

之時，他不禁再三讚嘆說：

> 究觀方士祠官之變，谷永之言，不亦正乎！不亦正乎！

在〈郊祀志〉中，他更於「五利常夜祠其家，欲以下神」句後，刪除了〈封禪書〉原有的「神未至而百鬼集矣，然頗能使之」。也於〈兩都賦〉說：

> 建章、甘泉，館御列仙，孰與靈臺明堂，統和天人？

這些都顯示他反對鬼神之淫祀。〈藝文志·諸子略〉也說：

> 陰陽家者流，蓋出於羲和之官，敬順昊天，歷象日月星辰，敬授民時，此其所長也，及拘者爲之，則牽於禁忌，泥於小數，舍人事而任鬼神。

可見他對鬼神是不太去說的，這也頗爲符合孔子「敬鬼神而遠之」的精神。

他也知道眞正成仙是不可能的。所謂仙道不過一種安慰，一種自修而反求諸己的修行，所以說他於〈藝文志·方技略〉說：

> 神僊者（追求仙道的目的），所以保性命之眞，而游求於其外者也。聊以蕩意平心，同生死之域，而無怵惕於胸中。然而或者專以爲務，則誕欺怪迂之文彌以益多，非聖王之所以教也。孔子曰：「索隱行怪，後世有述焉，吾不爲之矣。」

孔子「怪力亂神」皆所不言，但班固則言「怪」到家，連強力反彈迷信思想的〈郊祀志〉，他也要記上「漢興，高祖初起，殺大蛇，有物曰：『蛇，白帝子，而殺者赤帝子也』」。但他不認爲自己所說者是怪，而是「學術」，因爲一切的災異祥瑞，是天之示警與示符，不是鬼神之爲祟，所以他引孔子「索隱行怪」之言，卻不覺其非，何況《春秋》不是也記載了許多的災異嗎？此或

如〈留侯世家〉所云：「學者多言無鬼神，然言有物」歟！

此外班固雖由於漢諸陵多爲赤眉盜發〔註10〕，而主張薄葬〔註11〕，甚至不反對裸葬〔註12〕，但此與班固的天人思想並無矛盾。首先班固的天人思想之源頭爲《易》、《書》及孔子之《春秋》，但《易》云：「古之葬者，厚衣之以薪，臧之中野，不封不樹，後世聖人易之以棺槨」，自黃帝、堯、舜、禹、湯、文、武、周公皆係薄葬，丘壟甚小或不起墳。孔子葬母亦「稱古墓而不墳」，曰：「丘東西南北之人也，不可不識也。」乃爲墳四尺，遇雨而崩。弟子修之，以告孔子，孔子流涕曰：「吾聞之，古者不修墓。」這是不讚成弟子之行爲。延陵季子使齊而反，其子死，不歸葬，而葬於嬴、博之間，穿不及泉，斂以時服，封墳掩坎，其高可隱。孔子往觀曰：「延陵季子於禮合矣。」〔註13〕這些都證明聖人主張薄葬，班固乃孔子之信徒，自然同意孔子之主張，何況現實上，如果厚葬，更有可能引起宵小之覬覦，而有發掘暴露之危。

（三）天 命

1. 時

不論是從歷史之實然，或是由歷史之當然言，歷史都該是由人所決定的，此乃無庸置疑之論。而歷史既由人所推動，即當照著人們所設計與規畫之途逕進行，然歷史卻往往有超出理性走向之外的表現，有時甚至逆向而行，使人有「竟然成功」或「無可奈何」之感慨與嘆息。此則班固歸之於時、運、命。〈樊酈滕灌傳靳周傳〉贊云：

> 語曰：「雖有茲基，不如逢時」，信矣！樊噲、夏侯嬰、灌嬰之徒，
> 方其鼓刀僕禦販繒之時，豈自知附驥之尾，勒功帝籍，慶流子孫哉？

依歷史之常態來看，以屠狗爲業的的樊噲、爲沛廐司御的夏侯嬰以及販賣布帛的灌嬰，如果持業成家，不過圖個溫飽，終老一生而已，誰曉得日後會「攀龍附鳳，並乘天衢」？於此班固以逢「時」，也就是以遇到「機會」作爲解釋，更白一點的說，就是「時勢造英雄」，他們跟對人了。又如〈酈陸朱劉叔孫傳〉贊曰：

> 劉敬脫輓輅而建金城之安，叔孫通舍枹鼓而立一王之儀，遇其時也。

〔註10〕見〈王莽傳下〉。
〔註11〕此可由〈劉向傳〉見之。
〔註12〕此可由〈楊王孫傳〉見之。
〔註13〕以上事證皆轉引自〈劉向傳〉所載劉向之上疏。

劉敬乃一拉車之人，正好遇上漢高祖詢問定都事，結果他建議都關中，先是群臣反對，但後來因張良持同樣之主張，高祖於是定都關中。劉邦以「本言都秦地者婁敬」，於是「賜姓劉氏，拜爲郎中，號曰奉春君」。至於叔孫通以一前秦儒生，身居亂世，本無用文之地，沒想到天下新罷戰陣，復歸一統，因而別創了漢代之禮。這不是機遇，是什麼？同樣的，齊詩博士轅固生，因鄙視《老子》爲家人言，於是竇太后要他入圈擊豕，多虧武帝假以利刃，豕應手而倒，竇太后才無以復罪；而武帝初即位，趙綰、王臧以文學爲公卿，欲議立明堂等事，但竇太后不好儒術，使人微伺趙綰等姦利事，按綰、臧，綰、臧自殺。但不久竇太后死，漢武徵文學之士，公孫弘竟以六十歲之高齡以賢良徵爲博士，以使匈奴不能罷，後又被菑川國推爲賢良，對策弘第居下，武帝擢弘第一，弘碌碌無能，但卻於七十七之高齡拜爲丞相，封爲平津侯，開布衣卿相之局；卜式本以田畜爲事，卻以輸財助邊掘起，官至御史大夫；兒寬貧無資用，曾爲諸生都養，張湯爲廷尉，寬爲文學卒吏，但府盡文法吏，兒寬只好「之北地視畜」，但一朝還府，解「見卻之疑奏」，從此漸入佳境，得用所學，終於官御史大夫。他門三人的際遇與趙綰、王臧相比，實有天壤之別。所以〈公孫弘卜式兒寬傳〉贊曰：

> 公孫弘、卜式、兒寬皆以鴻漸之翼困於燕爵，遠跡羊豕之間，非遇
> 其時，焉能致此位乎？

當然這其中總還有個重要的因素，那就是成功者本身所具備的才能，也就是所謂的「鴻漸之翼」，否則光有機會，沒有才能，如何能夠成功？

2. 運

「運」在本文的意義較爲特殊，前述之所講之「時」或是「際遇」，多就「遇不遇，時也」立論，而此處之「運」則是「必然之渦漩」，也就是歷史終將如此走過，而你必須參與賽局。如〈郊祀志〉贊曰：

> 劉向父子以爲帝出於震，故包義氏始受木德，其後以母傳子，終而
> 復始，自神農、黃帝下歷唐虞三代而漢得火焉。故高祖始起，神母
> 夜號，著赤帝之符，旗章遂赤，自得天統矣。昔共工氏以水德間於
> 木火，與秦同運，非其次序，故皆不永。由是言之，祖宗之制蓋有
> 自然之應，順時宜矣。

如果某一段歷史或某一朝代的命運早已註定，如共工氏及秦都是「以水德間於木火」，而「非其次序，故皆不永」。則即便共工氏與秦始皇如何的施仁行

義，省刑法、薄賦斂，也是枉然。如此，人的地位將置於何處？人的努力如何加以肯定？即成問題。故於此言世運，即不如班彪來得通透〔註14〕。又如〈武五子傳〉贊曰：

> 巫蠱之禍，豈不哀哉！此不唯一江充之辜，亦有天時，非人力所致焉。建元六年，蚩尤之旗見，其長竟天。後遂命將出征，略取河南，建置朔方。其春，戾太子生。自是之後，師行三十年，兵所誅屠夷滅死者不可勝數。及巫蠱事起，京師流血，僵尸數萬，太子子父皆敗。故太子生長於兵，與之終始，何獨一嬖臣哉！

換言之，江充存在之意義，只在於做為一條導火線而已，太子既生長於兵，即使沒有江充，也必然引起一場混局，一場殺戮，於此歷史也必然有一黑暗之發展，以「應」建元六年（前 135 年）所出現其長竟天的蚩尤之旗。故在此言天人之應，災異是先驗的，歷史的走向早被決定，唯是漆黑一片，墮落一途，絕無光明可言。按理，人生在此將失去奮鬥向上的基礎，一切努力於此全是白搭，因為太子注定必須與之終始，凡與太子有關之人亦必捲入。然而班固卻指出人們應有之努力。〈武五子傳〉贊於上引說明巫蠱禍事之生的原因後，接著評論說：

> 秦始皇即位三十九年，內平六國，外攘四夷，死人亂如麻，暴骨長城之下，頭盧相屬於道，不一日而無兵。由是山東之難興，四方潰而逆秦。秦將吏外畔，賊臣內發，亂作蕭牆，禍成二世。故曰「兵猶火也，弗戢必自焚」，信矣。是以倉頡作書，「止」「戈」為「武」。聖人以武禁暴整亂，止息干戈，非以為殘而興縱之也。

由這段連接先前引文觀之，可以知道班固反對漢武之用兵，反對他「命將出征，略取河南」，反對他「師行三十年，兵所誅屠夷滅者不可勝數」。在此班固似乎說明，漢武帝「可以不」用兵四境，「可以不」師行三十載，那麼太子也就不是「生長於兵」，也就不該有巫蠱之禍的發生，而與之終始了。如果這樣的推論成立，那麼，人為的努力乃能獲得肯定，人們的奮鬥也才有價值。不過這樣的推論也同時摧毀了「蚩尤之旗見，其長竟天」之「災異」，所顯現的意義。換言之，陰陽五行災異之學在此也就跟著粉碎了。

　　由以上二例可知，以天變及五行言世運必如何者，則人類的光華與作用

〔註14〕班彪言世運，乃就祖上之「奕世載德」與「豐功厚利積累之業」言，說見〈王命論〉。唯班固於此乃以「勢」說之，而非以「運」言之。

不顯；如言世運可變，則必先言人事而後天變隨之，而使人有改過遷善之可能，理論始備。

3. 命

所謂命，乃是人生無可如何處，於此一切是已被決定著，任何的努力，都無法改變某種事實，常見的是「事與願違」。所以孔子云：「道之將興，命也；道之將廢，命也。公伯寮如命何？」〈外戚傳〉云：

> 人能弘道，末如命何。甚哉妃匹之愛，君不能得之臣，父不能得之子，況卑下乎！既驩合矣，或不能成子姓，成子姓矣，而不能要其終，豈非命也哉！孔子罕言命，蓋難言之。非通幽明之變，惡能識乎性命！

的確，人間男女的相愛，即使是君父亦不能使臣子愛己如其妃匹，何況他人呢？但男女即使相愛而結褵，卻又不見得一定能生子傳後，多少人千方百計，無所不用其極，但終不能舉一子。而即使生了子嗣，也曾如此相愛，但不見得就能白首偕老，夫妻之一方先死固是命，兩人先愛後怨亦是命。任憑你貴為九五，富有四海，也無法強致或挽回。人生最根底、最常見的無可奈何，莫過於此，馬、班之浩嘆，豈偶然哉！

惠帝張皇后，乃呂后為重親故，以姪女配叔父，太后欲其生子，終萬方而無子；孝景薄皇后，薄太后家之女，景帝為太子時取以為妃，終無子而無寵〔註15〕；孝成許皇后聰慧善史書，自為太子妃至為后，常寵於上，後宮希得進見，終無男兒，而入冷宮，被藥而死；孝成班倢伃，始為少使，蛾而大幸，雖有男，而數月失之。其後趙飛燕姐弟入宮，專寵十餘年，卒皆無子；哀、平短祚，國統三絕，漢家就這樣淪亡了。這不是命是什麼？

魏豹以許負相薄姬當生天子，故背漢與楚，其後曹參等虜魏王豹，而薄姬輸織室，但薄姬因此得見漢王而納後宮，後又以種種機緣得一幸而有身，自有子後希見，得免呂氏之害，高后崩，徵代王，身為太后，子為漢文帝；孝景竇皇后，呂太后以宮人賜諸侯王，后清河人，願如趙，請其主遣宦者吏「必置我籍趙之伍中」，但宦者卻誤置代伍中，竇姬涕泣不肯往，相強乃肯行，但至代，代王獨幸竇姬，後生景帝，父子二人遂成文景之治，這不是命是什麼？王若虛《南遺老集》，卷十二譏馬遷曰：「夫一婦人之遇否，亦不足道矣！」

〔註15〕以今日優生學言之，近親結婚，未必不能有後，只是身體孱弱，免疫力日下，或有畸形成殘之可能。

殊不知婚姻之事，本即一場豪賭，古人沒有自由戀愛，婚姻全憑媒妁之言，婚前二人素未謀面，怎知婚後會是如何？更何況入於深宮後院，身繫天下禍福安危的后妃呢？班固生於馬遷之後百餘年，姑祖又曾是成帝愛妃，於此更是深有感慨，但他仍照搬馬遷之語，更可見他對歷史中確有人類力量所無法企及到達之領域，深有同感。此領域實乃一種客觀之限制，此即是命。所以〈竇田灌韓傳〉贊曰：

> 以安國之見器，臨其摯而顛墜，陵夷以憂死，遇合有命，悲夫！若
> 王恢爲兵首而受其咎，豈命也虖？

《漢書》記載，韓安國爲御史大夫五年，丞相田蚡薨，安國代理丞相，爲天子導引，不愼墜車跛腳，武帝欲以安國爲丞相，派人察看，腳跛得厲害，於是以平棘侯薛澤爲丞相，安國病免，可是數月之後，安國的腳好了，調爲軍職，這時衛青卻大受重用，安國於軍屯上有所失，又被東調，結果意忽忽不樂，數月之後病死了。這眞是造化弄人，所以班固說遇合有命，而深爲安國致嘆。至於王恢，力主討伐匈奴，最後因誘敵之計被敵識破，無功而返，武帝對其不出擊匈奴輜重十分不滿，王恢自殺。誘敵之計的被識破雖屬偶然，但班固認爲王恢挑起戰端，是所謂之「兵首」，這是可以避免，而不避免，所以不認爲這是命中註定，無可改易之事。於此可見班固對何爲人事，何爲天命，分辨是十分清楚的。觀〈敘傳〉所云：「安國壯趾，王恢兵首，彼若天命，此近人咎」，思過半矣。

（四）天道與人道

天道觀念不論從價值判斷與歷史判斷看，都有其重大的意義與價值，這與〈五行志〉或〈天文志〉有很大的不同。有人認爲〈五行志〉「在任何方面的價值都是微乎其微的」〔註16〕，也有人則指出〈五行志〉保留了大量科學史史料，並用冶金的知識解釋〈志〉中兩次火災，又以今日的天文學解釋〈志〉中的天文異象，以及以新聞報導之生活實例，證實〈志〉中所載生理異象等〔註17〕，以說明〈五行志〉之價值。但我們要注意「文本」的問題，亦即班固創作之原初用意安在？而非其無心插柳之價值。在班固而言，〈五行

〔註16〕見閭崇東，〈就史記與漢書同一段歷史記載之分析比較〉，《內蒙古師大學報》1987年二期，頁101。

〔註17〕見彭曦，〈試爲《漢書・五行志》拭塵〉，《天津師大學報》1984年四期，頁41～44。

志〉是在說明一種學術，提供國君施政言行上的一種預警系統，以爲借鏡。
這也是一種價值，只是這種價值的本身有其缺陷與矛盾。因爲一旦異象發生，
國君施政偏差或有改正之可能，但也有不少小人，卻操弄此術，排陷忠良。
例如谷永即借此排陷成帝之許皇后；正直之三公九卿，亦未嘗沒有受害的例
子。至於「天道」觀念，他不但有「五行災異」說的消極防範功能，更有積
極的鼓舞作用。也不象災異說的黑暗恐怖，而充滿光明溫馨。更不象災異說
有被戮破迷信一天，而具有永恆的信仰價值。例如〈于定國傳〉載于公決獄
情形，略以定國父于公爲縣獄吏，決獄公平。東海有孝婦，年少守寡，婆婆
不想誤她青春而上吊自殺。小姑告官，官府按驗孝婦，孝婦自誣服罪。于公
力言孝婦無罪，爭不可得，於是抱著刑案文件哭於府上，並以生病爲由辭去
職務，太守終於論殺孝婦，是後郡中枯旱三年。及新守上任，于公爲言舊案，
太守乃祭拜孝婦，封表其墓，於是老天立降甘霖，當年豐收，郡中也因此敬
重于公。接著，該傳記載了下列一段話：

> 始定國父于公，其閭門壞，父老方共治之。于公謂曰：「少高大閭門，
> 令容駟馬高蓋車。我治獄多陰德，未嘗有所冤，子孫必有興者。」
> 至定國爲丞相，永爲御史大夫，封侯傳世云。

這是以事實說明于公所獲之德報。類似的說法見於〈元后傳〉，該傳記載，王
翁孺爲武帝繡衣御史，逐補魏郡群盜及吏畏懦逗留當坐者，翁孺皆縱不誅，
而有別於他部御史如暴勝之之徒之好殺，後翁孺以奉使不稱免，嘆曰：「吾聞
活千人有封子孫，吾所活者萬餘人，後世其興乎？」班固特錄元城建公的話
以爲印證：

> 昔春秋沙麓崩，晉史卜之，曰：「陰爲陽雄，土火相乘，故有沙麓崩。
> 後六百四十五年，宜有聖女興。」其齊田乎！今王翁孺徙，正直其
> 地，日月當之。元城郭東有五鹿之虛，即沙鹿地也。後八十年，當
> 有貴女興天下。

班固引此說後，接者指出，王翁孺生王禁，王禁於「本始三年（前 21 年）生
女政君，即元后也。」以證成此一德報因果。

又如〈丙吉傳〉載，武帝末年，因方士言長安獄中有天子氣，武帝下令
殺光所有人犯，時武帝曾孫因巫蠱案繫獄，丙吉冒死搭救曾孫，郡邸獄犯人
因此獲全，武帝亦因此覺寤，也大赦天下。故班固稱丙吉「恩及四海矣」。丙
吉並以自身財物供給曾孫衣食，其後曾孫長大，立，是爲宣帝，吉絕口不提

前恩。其後因他人爭功，辭連丙吉，宣帝始知丙吉大恩，欲封吉為博陽侯。臨當封，吉疾病，上憂吉疾不起。班固接者特筆記載：

> 太子太傅夏侯勝曰：「此未死也。臣聞有陰德者，必饗其樂以及子孫。今吉未獲報而疾甚，非其死疾也。」後病果癒。

夏侯之言既只是一般君臣之對話，亦非有多大之重要性，卻特筆予以記載，就是要透過夏侯勝之言，表達一種陰德果報亦即天道之觀念。又如〈陳平傳〉載：

> 始平曰：「我多陰謀，道家之所禁。吾世即廢，亦已矣，終不能復起，以吾多陰禍也。」其後曾孫陳掌以衛氏親戚貴，願得續封，然終不得也。

案此段文字自是承襲《史記·陳丞相世家》而來，但此段文字之前，班固於王陵及審食其後代的封國廢除，皆有所補述，而此段文字則未見更動，這就表達了班固同意史公陰禍及子孫的看法。事實上張良的爵位只傳到其兒子，去張良之死不過十年就斷絕了，比之陳平益愈。但班固不就此發論，這多少也顯示他不願加罪善人之意〔註18〕。又如〈李廣傳〉載：

> 廣與望氣王朔語云：「自漢擊匈奴，廣未嘗不在其中，而諸妄校尉已下，材能不及中，以軍功取侯者數十人。廣不為後人，然終無尺寸功以得封邑者，何也？豈吾相不當侯邪？」朔曰：「將軍自念，豈嘗有恨乎？」廣曰：「吾為隴西守，羌嘗反，吾誘降者八百餘人，詐而同日殺之，至今恨獨此耳。」朔曰：「禍莫大於殺已降，此乃將軍所以不得侯者也。」

也是類似的例子。又如〈酷吏·嚴延年傳〉載略以：

> 延年母從東海來，欲從延年臘。到洛陽，適見報囚。母大驚，便止都亭，不肯入府。延年出至都亭謁母，母閉閣不見……良久乃見之。因數責延年：「幸得備郡守……顧乘刑法多殺人」……「天道神明，不可獨殺，我不意當老見壯子被刑戮也！行矣！去女東歸，掃除墓地耳。」……後歲餘，果敗。東海莫不賢知其母。

〔註18〕 宋·洪邁，《容齋隨筆》，卷二〈張良無後〉條指出：「良之無後，蓋因沛公攻關，秦將欲與連合，良曰：『不如因其懈怠擊之。』公引兵大破秦軍。項羽與漢王約中分天下，既解而東歸矣，良有養虎自遺患之語，勸王回軍追項羽而滅之。此其事固不止於殺降也。」不過戰爭用計，本即致勝之道，且中分天下，恐亦終不免一戰也。

又如張賀曾任掖庭令，時宣帝以皇曾孫收養掖庭，賀既傷衛太子無辜，曾孫孤幼，故養視拊循，甚見恩謹，及曾孫壯大，賀教書，令受《詩》，為取許妃，又常稱曾孫材美。故班固於〈張湯傳贊〉曰：

> 漢興以來，侯者百數，保國持寵，未有若富平者也。湯雖酷烈，及身蒙咎，其推賢揚善，固宜有後。安世履道，滿而不溢。賀之陰德，亦有助云。

不過此贊就張安世與張賀而言則可，就張湯言則不可。蓋評論人物之時，固可就其個別之行為而為價值之分判，論報應豈可分說「酷烈」之報在於「及身蒙咎」，而「推賢揚善」之報，在於子孫之「封侯持寵」？

班固之德報觀念，近者數世，遠者乃數十世。〈杜周傳〉贊云：

> 張湯、杜周並起文墨小吏，致位三公，列於酷吏。而俱有良子，德器自過，爵位尊顯，繼世立朝，相與提衡，至於建武，杜氏乃獨爵絕。跡其福祚，元功儒林之後莫能及也。自謂唐杜苗裔，豈其然乎？

班固特別提到，杜氏乃唐杜苗裔，表示他認同一種「聖德之後，必有餘烈」的說法。自《左傳》以下，《史》、《漢》皆有德報觀念，而深植人心，故范曄後書於〈袁張韓周傳〉評論時亦云：

> 陳平多陰謀，而知其後必廢；邴吉有陰德，夏侯勝識其當封及子孫。終陳掌不侯，而邴昌紹國，雖有不類，未可致詰，其大致歸然矣。袁公寶氏之閒，乃情帝室，引義雅正，可謂王臣之烈。及其理楚獄，未嘗鞫人於臧罪，其仁心足以覃乎後昆。子孫之盛，不亦宜乎？

可見其影響之深遠。

班固於史著的論述上，雖深信並高唱天道的福善禍否，然班固於〈幽通賦〉卻顯現出報應多爽，善惡無徵的矛盾之論。〈幽通賦〉說：

> 惟天地之無窮兮，鮮生民之晦在。紛屯邅與蹇連兮，何艱多而智寡？上聖寤（文選作迕）而後拔兮，豈群黎之所御！昔衛叔之御昆兮，昆為寇而喪予。管彎弧欲斃雠兮，讎作后而成己。變化故而相詭兮，孰云豫其終始！雍造怨而先賞兮，丁繇惠而被戮……單治裏而外凋兮，張修暴而內逼，聿中龢為庶幾兮，顏與冉又不得……游聖門而靡救兮，顧覆醢其何補？

的確，天地無窮，人生有盡，世事多艱，人智蓋寡，聖人遇紛難雖克自拔，然群眾豈皆能應付防備？從前衛叔武駕車迎見成公，成公卻令前驅射殺之。

管仲射中齊桓公之帶鉤，齊桓公返國反以爲相。世事之變化常違於常理，誰能預測其開始與結局？曾經造反的雍齒因懷怨而先得獎賞；丁公對劉邦有恩反而受戮……單豹靜居深山以理五內，反爲老虎所食；張毅外修恭敬，斯徒馬圍皆與亡醴，結果不勝其勞而死。顏回、冉耕爲善之人，一個早夭，一個惡疾。子路游於聖人之門，終不得救而死，孔子雖爲之覆醢又有何用？

　　本來天道與天命就是相反的領域。言天道，則信公理正義自有天斷，天亦必能福善禍淫，人生之努力也才有其正面之意義；言天命，則每見事與願違，報施多爽，無有所謂之天道公理，一切唯是莫可奈何，至此人生的一切努力，亦失其意義，唯命運機會是憑。班固雖二者均提並論，但〈幽通賦〉所發，乃一己之牢騷；《漢書》所載，乃面對歷史之責任。故於歷史，班固力言果報之不爽，以垂教後世；然人世亦必有報施相違之時，於此班氏歸之於天命，故〈魏豹田儋韓信傳〉之贊說：

　　　　橫之志節，賓客慕義，猶不能自立，豈非天虖！

俟言天道，示人生努力之價值；不廢天命，可爲特殊的成敗作解。因爲不廢天命，承認天道，所以班固較史公爲不怨天、不尤人，發於史著，語氣自亦公允平正[註19]，這是班固不同於史公之一。馬遷以爲天道難憑，故將一切希望理想寄於盡人事之處[註20]，如此尤能提振人道，故有發憤著書之說；尊崇各業（如貨殖）之論；班固認爲天道既然可憑，人生自須努力。〈幽通賦〉云：

　　　　固行行其必凶兮，免盜亂爲賴道；形氣發於根柢兮，柯葉彙而靈
　　　　茂……黎淳耀于高辛兮，羋彊大於南氾；嬴取威於百儀兮，姜本支
　　　　虖三止：既仁得其信然兮，卬天路而同軌。（子路稟行行之性，其遇
　　　　凶在所不免，所以不爲盜者，賴聞孔子之道；草木本根之氣既強，
　　　　則枝業茂盛美善……黎爲高辛火正有美光耀，故其後世霸有楚國於
　　　　南方；伯益有儀百物鳥獸之功，其後秦取六國，伯夷爲秩宗，典天

〔註19〕馬遷強烈質疑天道，發不平之鳴，錢鐘書以爲：「馬遷既視天夢夢，而又復以爲冥冥之中尚有綱惟維主張在；圓枘方鑿，自語相違。蓋析理固疑天道之爲無，而慰情寧信陰騭之可有，東食西宿，取熊兼魚，殆人心之常歟。故疑無天者，猶每私冀其或有，而信有天者，則常竊怨其若無。」見《管錐編》第一冊，〈史記會註考證五十八則〉之二十二〈伯夷列傳〉條。
〔註20〕見拙著，《司馬遷的歷史哲學》，逢甲大學中研所碩士論文，自印本，民國82年6月。

> 地人鬼之禮，其後有齊：人道既有求仁得仁之然，仰視天道，亦必
> 也然）

人生依正道努力，既終能成功，仰觀天道，應當也是如此。但不可否認，歷史有溢出應然範疇之存在，而面對此一範疇，此一於命定的領域，如何了解？如何解決？即成問題。而〈幽通賦〉亦有所說：

> 道悠長而世短兮，夐冥默而不周，胥仍物而鬼諏兮，乃窮宙而達
> 幽……道混成而自然兮，術同源而分流。神先心以定命兮，命隨行
> 以消息。斡流遷其不濟兮，故遭罹而贏縮。三樂同於一體兮，雖移
> 盈然不忒，洞參差其紛錯兮，斯眾兆之所惑。

意思是說：既然大道悠長，人世短促，而當時冥默，探察難周，所以聖人須因卜筮謀於鬼神，以極古今而通幽微……大道自然而合理的存在，人生所有依循的路途皆由此出。神意天心在人們有心思之前，便已命定，人隨此命而行，但命運亦隨著人們的行為善惡，而消長變化。人受先祖善惡之跡的遷徙流轉，故窮達各隨其遭遇而相及，譬如晉大夫欒書，其子欒黶，黶子欒盈，書賢而覆黶，黶惡而害盈。天道之祐善災惡並非有差，然其道廣大，雖父子百世，猶若一體。而百姓每就一人（及身）而論，故以為天道之報施參差不齊，紛亂錯繆，因此迷惑不信天道。

換言之，由於父子相傳，本支百世，對先祖之所為既不清楚，對天道自不能有相應之了解。而聖人透過卜筮，了解古今隱微之舉措，目的也是為了知命，所謂「非通幽明之變，烏能識於性命哉」？了解了天道何以隱微與天命之本然範疇，接下來就是如何面對與如何解決的問題。在此班固說：

> 所貴聖人之至論兮，順天性而斷誼（義）……要沒世而不朽兮，乃
> 先民之所程。

不論人生的行止進退出處如何，只要依照五經、六藝等聖人的言論，順著天性，斷之以義，追求功成名立，沒世不朽，就可以了。最後班固說：

> 觀天罔之紘覆兮，實棐諶而相順，謨先聖之大繇兮，亦鄰德而助
> 信……精通靈而感物兮，神動氣而入微。養游睇而猿號兮，李虎發
> 而石開。非精誠其焉通兮，苟無實其孰信！操末技猶必然兮，矧湛
> 躬於道真！

指出了天道惟誠是輔，所謂「精誠所至，金石為開」，道必可為，名必可立。如前所述，子路稟行行之性，雖命中注定遇凶終所不免，然死於正道，名揚

後世，這不是「道必可爲，名必可立」嗎？而這也是班固姑婆「死生有命，富貴在天」〔註 21〕，與其父「窮達有命，吉凶由人」〔註 22〕理論的進一步的發揮。

進而言之，班固於〈幽通賦〉的最後說：「皓爾太素，曷渝色兮，尚越其幾，淪神域兮。」一個人如果能篤信好學，守死善道，不漸染於流俗，是爲「白爾天質」，就不會有渝色之變，則庶幾於神道之幾微，而入於神明之域。既入於神明之域，就能「通幽明之變」，而「識於性命之理」了。換言之，時、運、命，這種歷史最幽深不可解的機轉；不可知的部分，在此仍可得到圓融的消解。只是班固的整個天人觀，雖大體有其系統，也顯有其漏洞，而不如史公掃蕩一切，歸於盡人事之處，來得通透。

第二節　《漢書》之通變觀

中國人在很早以前，就有「變的觀念」。《易‧繫辭下》云：「窮則變，變則通，通則久」，這說明先賢在日常生活中，體會到處理生活世務的「最根本原則」，以及此原則之功效。《春秋》左昭三十二年（前 510 年）時的史墨也曾對趙簡子說過：

> 社稷無常奉，君臣無常位，自古以然，故《詩》曰：「高岸爲谷，深谷爲陵。」三后之姓，於今爲庶，主之所知也。

可見古人也早已知道人事政治之變，而且其中還有一種必變之意存在。但知道必變是一層，知道何以變，如何變，又是一層。賈誼在〈過秦論〉中有一句話說：「前事之不忘，後事之師也。」這句話賈誼明言是出自「野諺」，可見前事（歷史）在通俗的認識中早有鑑戒、教訓之作用。因而做爲一個史家，無論如何，「據歷史」而「通變」，或通「古今之變」，都更應該是一個重要的課題。

一、究觀歷史變遷之目的

歷史是充滿因果關係的，因此可以藉由後來的結果，判斷先前舉措之正誤。當韓信、張耳引兵數萬，欲東下井陘擊趙之時，成安君不用李左車之策，而曰「義兵不用詐謀奇計」終於破滅；韓信千里舉趙，用背水陣，而得險勝。

〔註21〕見〈外戚傳〉。
〔註22〕見〈敘傳〉班彪〈王命論〉。

吾人讀此一段歷史，於是知「兵不厭詐」之原理，有由然矣。也知道背水之陣，於萬不得已之時，亦有可勝之道，當然也知道成安君失敗之原因。然後世之將已非韓信，後世之對手亦不再是成安君，後世亦不再有此一戰。換言之，這樣的戰爭，在歷史上只出現一次，吾人雖知其成敗因果也無多大意義。然而這場戰爭的教訓──「兵不厭詐」卻正是古代「禮樂征伐」之變調，「背水列陣」也是古代一般「戰爭原理」的對反。於是，以相對的古代爲觀察基點，吾人可獲得一個結論：成安君以不變而敗，韓信以變而勝。

　　不過，洪邁曾指出，韓信不是簡單的人，如果成安君採李左車之策，來個側翼突襲，相信韓信仍有他法有以勝之，他說：

> 以韓信敵陳餘，猶以猛虎當羊豕爾。信與漢王語，請北舉燕、趙，正使井陘不得進，必有他奇策矣。其與廣武君言曰：「向使成安君聽子計，僕亦禽矣。」蓋謙以求言之詞也……不然，何以爲（韓）信？

〔註23〕

洪邁的說法自有其一定之道理，但韓信如用他奇策勝，史家便不會把失敗之責任或原因歸於「義兵不用詐謀奇計」的決策上，他們或許會認爲，此戰韓信勝得理所當然：因爲韓信之一方或許兵多，或許將能，或許天時，或許地利……。

　　由上述之分析可見，以單一的史事觀察，很難判定某種策略的對錯。所以通變便成爲一個重要的方法或手段。而其目的，以「事件」言，是在「知所缺失」與「提出對策」；以「全史」言，是爲「時代」與「歷史」找尋出路。

　　班固從郊祀社稷之變遷發展中，得知古代祭祀之緣起、目的、中間歷經的準宗教革命，以及祭祀內容與位階之正式確立，其後，世衰禮廢，諸侯大夫皆僭越禮分。至漢，君王祭祀封禪，誇耀國力武功，進求長生不死，因散財布爵，「廣崇祭祀之方，求報無福之祠」，最後神仙夢醒，國統三絕，漢家天下，拱手讓人。所以〈敘傳〉的〈郊祀志〉小序，除了說明祭祀的目外，也說明了作志的原因：

> 季末淫祀，營信巫史，大夫臚岱，侯伯僭畤，放誕之徒，緣間而起，瞻前顧後，正其終始。

在此班固從古今祭祀之流變中，透過長時段的觀察，知道何者有益，何者無

〔註23〕《容齋隨筆》，卷五〈韓信周瑜〉條。

功？而後對郊祀有所瞭解，有所批判，而完成其通變的第一層目的——知所
缺失。進而正其終始，有所指導，一如〈郊祀志〉中他錄杜鄴的話：

> 奉天之道，貴以誠質大得民心也。行穰祀豐，猶不蒙祐，德修薦薄，
> 吉必大來……詩曰：「率由舊章」……宜如異時公卿之議，復還長安
> 南北郊。

這正是其通變的第二層目的——提出對策。當然〈郊祀志〉的結論——率由
舊章——嚴格言之，只是回到原點，還不能算是提出對策。但如果從〈匈奴
傳〉來看，就較爲明白了。〈匈奴傳〉贊指出：

> 自漢興以至于今，曠世歷年，多於春秋，其與匈奴，有脩文而和親
> 之矣，有用武而克伐之矣，有卑下而承事之矣，有威服而臣畜之矣，
> 詘伸異變，強弱相反，是故其詳可得而言也。

照理有長遠的歷史可稽成敗興壞之理，可供借鏡，漢帝國應該可以提出很好
的「漢匈政策」，但是傳贊卻稱：

> 自漢興，忠言嘉謀之臣曷嘗不運籌策相與爭於廟堂之上乎？……然
> 總其要，歸兩科而已。縉紳之儒則守和親，介冑之士則言征伐，皆
> 偏見一時之利害，而未究匈奴之終始也。

所謂「偏見一時之利害，而未究匈奴之終始」，就是不能以古爲鏡，即或以古
爲鏡，也是以單一的歷史事件爲本，並且目光短淺，未能瞻前顧後，未能對
問題作追根究底的考察，並且固守本位，所以儒拒兵戎，將欲進擊。而班固
就是因爲能夠明白貫通漢帝國一切對匈奴之對策、方法、時機與結果，並且
深入研判敵情，知己之彼。故始能掌握成敗關鍵，提出制御蠻夷之常道。

二、究觀歷史變遷之方法

（一）擴大終始斷限

前言通變或是究觀古今變遷，都不是從單一史事上來觀察，所以觀察歷
史的變遷自以愈長之時段愈精確，換言之擴大觀察的終始斷限是必要的。班
書雖斷代之史，在人物敘述上，有其一定之斷限，但在政治、法律、社會、
經濟、山川、物產、風俗、制度等各方面，他還是遠追前代，歷述其沿進與
變革。〈地理志〉云：

> 漢承百王之末，國土變改，民人遷徙，成帝時劉向略言其地分，丞
> 相張禹使屬潁川朱贛條其風俗，猶未宣究，故輯而論之，終其本末
> 著於篇。

一個地方的風俗並不是一成不變的。〈孟嘗君列傳〉載司馬遷過薛，見「其俗閭里多暴桀子弟」與鄒、魯不同，問這是什麼緣故，地方人士告以：「孟嘗君招致天下任俠，姦人入薛中，蓋六萬餘家矣」。這是風俗移易的典型例子。不過這種變動十分激烈，而通常風俗之變革是緩慢的，所以班固要「輯而論之，終其本末著於篇」，而遠稽《詩》、《書》三代之時。又如〈百官公卿表〉云：

> 《易》敘宓羲、神農、黃帝作教化民，而《傳》述其官……書載唐虞之際，命（官分職）……夏、殷亡聞焉，周官則備矣……自周衰，官失而百職亂，戰國並爭，各變異。秦兼天下，建皇帝之號，立百官之職。漢因循而不革，明簡易，隨時宜也。其後頗有所改。王莽篡位，慕從古官，而吏民弗安，亦多虐政，遂以亂亡。故略表舉大分，以通古今，備溫故知新之義云。

所謂溫故，就是厚積故實之義。《倫語‧爲政》孔子說：「溫故而知新，可以爲師矣。」厚積故事，開悟新知，則可以爲師，也就是可以爲借鏡，可以指導未來的意思。而這其中，溫故是向後擴大歷史之斷限，知新則是向前推展歷史之斷限，歷史斷限推展的愈久愈遠，則愈可通變化之理，愈可爲師，也愈能爲時代找出路。由〈敘傳〉所云：

> 咨爾賊臣，篡漢滔天，行驕夏葵，虐烈商辛。僞積黃、虞，繆稱典文，眾怨神怒，惡復誅臻。百王之極，究其姦昏。述〈王莽傳〉第六十九。

就知道班固之通古今，絕不僅西漢一朝而已，觀其文辭，常引據上古之世可知。不過加大歷史觀察之斷限，無論如何都只是究觀歷史變遷的初步工作，所以是第一層次的方法，至於第二層的方法自是在第一層次的基礎上之深化。

（二）究其本末終始

《史記》記載功臣侯者的有三表，是即：〈高祖功臣侯者年表〉、〈惠景間侯者年表〉及〈建元以來侯者年表〉。班固則合併前二表加改編而成〈高惠高后文功臣表〉，並接續馬遷的〈建元以來侯者年表〉而成〈景武昭宣元成功臣表〉。這麼作自是推展歷史的觀察長度，不過吾人不可忘了司馬遷在〈高祖功臣侯者年表〉所說的一段話：

> 居今之世，志古之道，所以自鏡也，未必盡同。帝王者各殊禮而異

務，要以成功爲統紀，豈可緄乎？觀所以得尊寵及所以廢辱，亦當
世得失之林也，何必舊聞？於是謹其終始，表其文，頗有所不盡本
末；著其明，疑者闕之。後有君子，欲推而列之，得以覽焉。

馬遷自云「頗有所不盡本末」，但班固序〈高惠高后文功臣表〉，則說：

以綴續前記，究其本末，并序位次，盡于孝文，以昭元功之侯籍云。

可見他不僅有意承馬遷之所未竟而「綴續」之，更「究其本末」，以補遷之所
未盡未明，並且序其位次，這在歷史的長度與深度上，都比史公前進了一步。
而且就侯封之演變言，史公與班固都認爲：漢高祖所封功臣百四十有三人，
迄於孝武後元（前 88～87 年）之年，耗盡而靡有孑遺，這固然是功臣之「子
孫驕逸，忘其先祖之艱難，多陷法禁，隕命亡國，或亡子孫」，但漢家的法網
亦稍嫌過密。故此二人，都對封爵之誓深寄感慨。唯就補敝救偏言之，班固
能進一步引谷永之言，認爲應對功臣「繼絕世」、「存亡國」，「三人爲眾，雖
難盡繼，宜從尤功」，實更有其價值。

又如〈諸侯王表〉分析封侯建國與強弱存亡的關係後後說：「是以究其終
始彊弱之變，明監戒焉。」所謂「究其終始彊弱之變」，就是史公所說的「原
始察終，見盛觀衰」[註24]，「綜其終始，稽其成敗興壞之紀」[註25]，這是
班固從周初以至西漢滅亡止，有無藩國封建，與政權強弱關連之研究，也是
在擴大歷史觀察長度的基礎上之第二層次的通變方法。目的是作爲影響政權
最重要的「封建制度」之取捨參考。

（三）明其分合備其變理

〈地理志〉云：

先王之跡既遠，地名又數改易，是以采獲舊聞，考跡《詩、書》，推
表山川，以綴〈禹貢〉、《周官》、《春秋》，下及戰國、秦、漢焉。

這還是在擴大歷史觀察長度。而其作用則是爲了明白歷代地理山川之畫分合
併，從而掌握「畫野分州」之一貫道理。所以〈敘傳〉云：

坤作地勢，高下九則，自昔黃、唐，經略萬國，燮定東西，疆理南
北。三代損益，降及秦漢，革剟五等，制立郡縣。略表山川，彰其
剖判。述〈地理志〉第八。

至於在漢匈關係上，班固更是明確指出他作〈匈奴傳〉的目的及通變的方法，

〔註24〕〈太史公自序〉。
〔註25〕司馬遷，〈報任少卿書〉。

〈敘傳〉云：

> 於惟帝典，戎夷滑夏；周宣攘之，亦列〈風、雅〉。宗幽（師古曰：
> 幽王居宗周也）既昏，淫於褒女，戎敗我驪，遂亡酆郜。大漢初定，
> 匈奴強盛，圍我平城，寇侵邊境。至于孝武，爰赫斯怒，王師雷起，
> 霆擊朔野。宣承其末，乃施洪德，震我威靈，五世來服。王莽竊命，
> 是傾是覆，備其變理，為世典式。述〈匈奴傳〉第六十四。

所謂「備其變理」，就是全盡其變化的道理，這是整全而貫通的見盛觀衰後，
對歷史之把握，故而班氏能提出高明的漢匈政策，在這一方面他比史公之成
就尤高。蓋史公於漢匈策亦有所表，但僅說：「唯在擇任將相」，而於當局之
決策與將相之思考無有著落。班固於此不但通變，而且為時代甚或為歷史之
對匈政策找到了最高的指導原則，這不能不說是他的貢獻。〈敘傳〉又云：

> 夏乘四載，百川是導。唯河為艱，災及後代。商竭周移，秦決南涯，
> 自茲岠漢，北亡八支。文隄棗野，武作瓠歌，成有平年，後遂滂沱。
> 爰及溝渠，利我國家。述〈溝洫志〉第九。

這是班固在說明所以作〈溝洫志〉之緣由，乃建立在歷朝與國家的水患和農
耕需要及其救治政策之得失探討上。〈溝洫志〉的最後，班固特別記載了賈讓
的治河三策，這正是總括一切河策成敗的結論。與班固「備其變理」的對匈
政策，正有異曲同工之妙。

三、歷史變遷之內涵、關鍵及其應對之道

（一）班固究觀歷史變遷之內涵

1. 禮政之變

司馬遷於〈太史公自序〉說：「維三代之禮，所損益各殊務，然要以近性
情，通王道，故禮因人質為之節文，略協古今之變。作〈禮書〉第一。」則
渠於禮制之變遷沿革，於〈禮書〉中當有所交代才是。惜〈禮書〉已亡，後
人所補，自未能代表司馬遷的思想。班固倒是有心為漢家的禮樂大統留下見
證，以明禮樂（尤其是禮制）之變，惜漢興之初，忙於撥亂反正，其後雖以
叔孫通為奉常而定儀法，可是尚未完成，叔孫先生就過去了。文帝時賈誼曾
草具漢儀，但受到周勃、灌嬰之徒的阻擾，其議遂寢。武帝則銳志武功，未
暇留意禮文之事。宣帝又頗尚法，不納王吉述禮明制之議。成帝時，雖有劉
歆欲因祥瑞而建陳禮樂，但不久成帝駕崩。哀平短祚，王莽為衡，辟雍雖興，

然以篡位，天下叛之。一直到東漢明帝，漢家還是個「禮樂未具」的局面。所以班固只好懷抱遺憾，於〈敘傳〉畏畏縮縮的說：

> 上天下澤，春雷奮作，先王觀象，爰制禮樂。厥後崩壞，鄭衛荒淫，風流民化，湎湎紛紛。略存大綱，以統舊文。述〈禮樂志〉第二。

但他仍能從歷史中體會禮制變遷的道理，〈禮樂志〉云：

> 今海內更始，民人歸本，戶口歲息……既庶且富，則須庠序禮樂之教化矣。今幸有前聖遺制之威儀，誠可法象而補備之，經紀可因緣而存著也。孔子曰：「殷因於夏禮，所損益，可知也；周因於殷禮，所損益可知也；其或繼周者，百世可知也。」

換言之，禮樂之演進是漸變的，所因者多，而略加損益而已。然則如何損益；朝那個方向損益，班固皆未明言。不過吾人仍可從有限之文獻中，獲的一些蛛絲馬跡。〈藝文志·六藝略〉云：

> 凡禮十三家，五百五十五篇。《易》曰：「有夫婦父子君臣上下，禮義有所錯。」而帝王質文世有損益。

所謂「帝王質文世有損益」，其實就是司馬遷於〈高祖本紀〉贊所說的：

> 夏之政忠。忠之敝，小人以野，故殷人承之以敬。敬之敝，小人以鬼，故周人承之以文。文之敝，小人以僿，故救僿莫若以忠。三王之道若循環，終而復始。

司馬遷這種思想，自是與孔子與鄒衍有關。《漢書·嚴安傳》載嚴安以故承相史上書，劈頭即云：

> 臣聞鄒子曰：「政教文質者，所以云救也，當時則用，過則舍之，有易則易之，故守一而不變者，未睹治之至也」。

可見在馬遷之前，鄒衍及嚴安等早已有這種觀念。宣帝時，曾致書蓋寬饒，諫以明哲保身的太子庶子王生，在其書信中也曾提到：「自古之治，三王之術各有制度」云云，顏師古以為，王生說的就是三王之文質不同〔註26〕。張敞亦曾上書宣帝，言及「漢家承敝通變，造起律令，所以勸善禁姦，條貫詳備，不可復加。」〔註27〕西京之季，揚雄曾上〈校獵賦〉以諷成帝，其辭伊始即曰：

> 或稱戲、農，豈或帝王之彌文哉？論者云否，各亦並時而得宜，奚

〔註26〕見《漢書·蓋寬饒傳》及顏師古注。
〔註27〕見〈循吏·黃霸傳〉。

必同條而共貫？……是以創業垂統者俱不見其爽，遐邇五三孰知其
是非？

其意亦謂帝王文質政教各有不同〔註 28〕。而由上可知，禮政質文代變之觀念
一直未曾中斷，下逮班固著史之時，這種觀念益加強化。何以言之？因爲在
東漢章帝建初四年（79 年）舉辦了一次經學討論會，這次會議，章帝曾「親
稱制臨決」，頗有統一經義之意味。會議的結果，也就是《白虎通義》，即是
由班固記錄的。而其中之〈三教篇〉就曾提到：

王者設三教者何？承衰救敝，欲民反正道也。三正之有失，故立三
教以相指受。夏人之王教以忠，其失野，救野之失莫如敬；殷人之
王教以敬，其失鬼，救鬼之失莫如文；周人之王教以文，其失薄，
救薄之失，莫如忠。

不但如此，〈三教篇〉還給「教」下了個定義：

教者何謂也？教者效也。上爲之，下效之，民有質樸，不教不成。

這顯示禮政之變遷方向，已成全體儒生與朝庭之「共識」，而其依據即是孔子
之言與鄒子之說。班固前有所承，又處乎當時，就難怪會有這種思想了。

2. 事物之變

〈敘傳〉云：

厥出生民，食貨爲先。割制廬井，定爾土田，什一供貢，下富上尊。
商以足用，茂遷有無，貨自龜貝，至此五銖。揚榷古今，監世盈虛。
述〈食貨志〉第四。

所謂「揚榷古今，監世盈虛」，就是舉引古今，以察看家國百姓之殷富與貧窮
之變化。他以爲黃帝以下「通其變，使民不倦」，禹則「林遷有無，萬國作乂」，
至於「殷周之盛，《詩、書》所述，要在安民，富而教之」，而「周室既衰」，
「繇役橫作」，「上貪民怨，災害生而禍亂作」。「陵夷至於戰國，貴詐力而賤
仁義，先富有而後禮讓」，雖有「李悝爲魏文侯盡地力之教」，「國以富強」；「秦
孝公用商鞅壞井田，開阡陌」，「急耕戰而雄諸侯」，至於始皇竭天下之財，以
逞其欲，終「海內愁怨，遂用潰畔」。「漢興，接秦之敝，諸侯並起，民失作
業，而大饑饉。凡米石五千，人相食，死者過半。……天下既定，民無蓋藏，
自天子不能具醇駟，而將相或乘牛車。」高祖約法省禁，輕租薄賦，其後感
賈誼之言，更「躬耕以勸百姓」，「孝惠高后之間衣食滋殖」，文景與民休息，

─────────────

〔註 28〕見《漢書・陽揚雄》顏師古注。

賦減刑省，「民遂樂業」。「至於武帝七十年間，國家亡事，非遇水旱，則人給家足，都鄙廩庾皆滿，而府庫餘財。京師之錢累百鉅萬，貫朽而不可校。太倉之粟陳陳相因，充溢露積於外，腐敗不可食。眾庶街巷有馬，阡伯之間成群，乘牸牝者擯而不得會聚。守閭閻者食梁肉；為吏者長子孫；居官者以為姓號。人人自愛而重犯法，先行義而黜媿辱焉。」在這種國力達到鼎盛的極點，班固接著陳述盛衰逆轉的關鍵所在說：

> 於是罔疏而民富，役財驕溢，或至并兼豪黨之徒以武斷於鄉曲。宗
> 室有土，公卿大夫以下爭於奢侈，室廬車服僭上亡限。物盛而衰，
> 固其變也。

按班固所言漢興之初，以至極盛，多本史公之言，此無可論，然史公在指出盛衰逆轉之關鍵後，突然插入一句「物盛而衰，固其變也」。此乃忍不住的發論，班固亦予照錄，可見其於歷史反轉趨衰之「必然」，之「無可奈何」，深有同感。〔註29〕

司馬遷在〈平準書〉歷述幣制的演變，我們不難發現，所有幣制的因革損益，都是為了救敝而起。這就是所謂的「承敝易變」，而與一文一質的禮政之變一樣，歷史的發展就在這種「救失補過」的「試誤法」中發展下去，而始終如此。史公於〈平準書〉之最後還說：

> 是以物盛而衰，時極而轉，一文一質，終始之變也。

「一文一質，終始之變」，說的是一種救失之舉；「盛極而衰」，講的則是一種無可避免的趨勢。雖然「盛極而衰」之後，又會「時極而轉」，但這中間又有不同。物盛而衰，是必然之趨勢，其關鍵雖在人，尤其是人性中嗜欲與安逸既是與生俱來的，故亦可歸之於天，馬遷此言自有道理。至於衰到極點的「時極而轉」，則是人類求生存的救失行動。雖然求生也是人的一種天性，但卻須透過「奮鬥」乃至「受苦」的過程，才可遂其生，而不像遂行嗜欲般自然而然的發展，其救失之舉，是有「理念」的行為。這是兩者不同的地方。簡別之，「物盛而衰」是天道；「時極而轉」的救失補過則是人道。

然則為何班固只說「盛極而衰」，而未說「時極而轉」？一個比較可能的答案是，由於班固發現，人們救失補過，不見得會振衰起敝，有時反而又生事端。例如漢政府欲使鹽鐵全歸國營，以充實府庫，於是「使僅、咸陽乘傳

〔註29〕按班固論漢興至極盛，雖本史公，然亦有更動字句處，唯突兀之「盛極而衰，固其變也」竟未刪除，知其有意留之也。

舉行天下鹽鐵，作官府，除故鹽鐵家富者爲吏」，班固指出：「吏益多賈人矣」；
顏異對貨幣政策，心有不滿，被誅。班固指出：「自是之後有腹非之法比，而
公卿大夫多諂諛取容。」又說：「天子既下緡錢令而尊卜式，百姓終莫分財佐
縣官，於是告緡錢縱矣」。又說：「入才者得補郎，郎選衰矣」。最重要的一點，
在西京一代，至王莽而愈敗，漢帝國再也沒有如文景以來的蓄積與殷富，再
也沒有「時極而轉」過，一個王朝滅亡了，一個觀察的終始也就這樣的結束
了。不過應該注意，班固此處不提，不見得表示他反對這樣的說法。〈武五子
傳〉贊就說：

> 千秋材智未必能過人也，以其銷惡運，遏亂原，因衰激極，導引善
> 氣，傳得天人之祐助云。

可見班固也有時極而轉的觀念，只是沒有史公那樣強烈而已，畢竟，他取材
〈平準書〉，但改寫了馬遷的評論。而綜合班固對禮政與事物變遷的觀念看
來，人類的歷史似乎仍將帶著開放性，以及不斷的嘗試與修正，朝向無止境
的未來，而這之間並不保證，一切的事情，都井然有序並且平靜無波。

（二）歷史轉折之關鍵

1. 勢

班固將歷史轉折之關鍵給予兩種解釋，一是勢，一是命。所謂勢，不外
三種意義，一種是必然之走向與道理。例如〈天文志〉云：「日行疾，則星西
轉疾，事勢然也」；〈食貨志〉云：「欲禁其厚利微姦，雖黥罪日報，其勢不止」；
〈五行志〉云：「山川連體，下竭上崩，事勢然也」。其次則是力量、地位。
如〈天文志〉云：「《春秋》星隕如雨，爲王者失勢……之異也」；〈刑法志〉
云：「上勢力而貴變詐」。至於第三種，則是前面二者之綜合。茲先從第三種
談起。〈諸侯王表〉說：

> 昔周監二代，三聖制法，立爵五等，封國八百，同姓五十有餘。周
> 公、康叔建於魯、衛，各數百里；太公於齊，亦五侯九伯之地……
> 所以親親賢賢，包表功德，關諸盛衰，深根固本，爲不可拔者也。
> 故盛則周、邵相其治，致刑錯；衰則五霸扶其弱，與共守。自幽、
> 平之後，日以陵夷（《史記》於此下有「非德不純，形勢弱也」八字），
> 至虖陁敺河洛之間，分爲二周，有逃責之臺，被竊鈇之言。然天下
> 謂之共主，彊大弗之敢傾。歷載八百餘年，數極德盡，既於王赧，
> 降爲庶人，用終天年。號位已絕於天下，尚猶枝葉相持，莫得居其

　　虛位，海內無主，三十餘年。

周初封建，是「英雄造時勢」。封建完成之後，一種歷史的「局面」形成，一種「勢」也就確立了，這種「勢」既是一種封建屏藩之「力量」，也就暫有穩定發展，當然也決定國家盛衰之走向。在「勢」未衰未變之前，任何歷史的打擊與挫折，都無法一下子摧毀周室。須注意的是，班固在這段文字中，刪除了司馬遷原有的「非德不純，形勢弱也」這八個字。蓋就是因為封建所建立之勢，才使得失德之幽王雖身死名裂，其子仍能在諸侯擁護下之東都延續數百年之基業，甚至「號位已絕於天下，尚猶枝葉相持」。這是由德衰，而漸漸影響到國勢（力量與盛衰之走向），等到國土漸小，封建不能，因量變而質變之後，就只能靠著原先疏遠的封國來支撐，直到封國亦身難自保為止。所以劉敬說高祖都關中云：

　　及周之衰，分而為二（東周君、西周君），天下莫朝周，周不能制。
　　非德薄，形勢弱也。

到這時，走向已明，力量已弱，其不尊，非德之不純，而是其時諸侯力爭，漫天烽火，自顧不暇，二周君即使有聖人之德，恐也無力回天了。〈諸侯王表〉又說：

　　秦據勢勝之地，騁狙詐之兵，蠶食山東，壹切取勝。因矜其所習，
　　自任私知，姍笑三代，盪滅古法，竊自號為皇帝，而子弟為匹夫，
　　內無骨肉本根之輔，外無尺土藩翼之衛。陳、吳奮其白挺，劉、項
　　隨而斃之。故曰，周過其曆，秦不及期，國勢然也。

秦據關中，「被山帶河，四塞以為固」，易守難攻，而且膏腴之地，沃野千里，號稱「天府」，所以是勢勝之地，這是地利。但黎民新離戰國之禍，他不施仁義而安民，又不行封建以藩衛，於是失去「人和」；不明攻守異勢之理，又失去「天時」，這是立國之初便無這種「安立久遠」之「勢」，因此沒多久便「趨向」滅亡了。更明顯的例子，是漢興之初，「懲戒亡秦孤立之敗，於是剖裂疆土」，「藩國大者夸州兼郡」，有些矯枉過正，等到文、景欲削吳、楚，卒有七國之亂。這也是一種「勢」。

　　至於「哀、平之際，皆繼體苗裔，親屬疏遠，生於帷牆之中，不為士民所尊，勢與富室無異」，這個「勢」就是第二種——權力、位階、處境——的意義了。而國統三絕，王莽乃得乘「勢」而起，卒篡大位的「勢」，則是第一種，也就是「走向」與「趨勢」，或是「必然的道理」之義。而第一種勢與第

二種勢常是關連的。也就是說，一方「力量」之減弱，就給另一方乘勢（走向）崛起之機會。項王之「乘勢拔起隴畝之中」，就是典型之例子。

至於前面講「歷史解釋」時所提到的：何以歷史中有些取天下是那麼的困難，有些取天下，則是如此的容易。班固的解釋是：

> 古世相革，皆承聖王之烈，今漢獨收孤秦之弊。鐫金石者難爲功，摧枯朽者易爲力，其勢然也。

〈谷永杜業傳〉贊也云：

> 孝成之世，委政外家，諸舅持權，重於丁、傅在孝哀時。故杜業敢譏丁、傅，而欽、永不敢言王氏，事勢然也。

這些都明顯的點出了歷史「道理」之所在。於此吾人說，歷史中之「必然」，是與「理性」有關的。也就是說，歷史如是發展是有理的。〈竇田灌韓傳〉贊云：

> 竇嬰、田蚡皆以外戚重，灌夫用一時決策，而各名顯，並位卿相，大業定矣。然嬰不知時變，夫亡術而不遜，蚡負貴而驕溢。凶德參會，待時而發，籍福區區其間，惡能救斯敗哉！

所謂「凶德參會，待時而發」，表示一種必然的趨勢與走向已經形成，只等待一個引爆之關鍵點或導火線，這時如果不是有重大的機轉出現，是沒辦法扭轉局勢的。換言之，勢之建立、勢之發展，總是繫乎人爲：是人創造了這個力量，這個局面；也是人選擇了這種方式。然則，勢也有非人力所能控制者乎？這就進到歷史變遷中的第二個關鍵問題——命。

2.命

前面說到歷史之變遷或是盛衰關鍵之一——「勢」，現在談另一個關鍵——「命」。茲仍從封建的問題下手。如果封建是一種人爲之制，則有沒有人可以封，卻是命定的。〈諸侯王表〉記載，高祖時，諸侯王十一人，吳隨父，凡十二人；孝文三人，又隨父者十二人，共十五人；孝景十四人，五人隨父，共十九人；孝武四人，又四人隨父，凡八人；孝宣四人，燕王繼絕，高密隨父，凡六人；孝元二人，廣陵繼絕，凡三人；孝成時同輩三國；孝哀時廣平一國；孝平時雖有五國，皆繼絕。班固於此推明終始強弱之變，又如許重視封藩與國勢的關連，但漢家可封之人，卻愈來愈少，這不是命嗎？所以，本來漢武帝行推恩之策，而使「支庶畢侯」。馬、班同聲讚嘆：「《詩》云『文王子孫，本支百世』，信矣哉！」但當班固發現，孝元之世，竟「亡子侯者」，

他開始大嘆：

　　盛衰終始，豈非命哉！

蓋勢可判斷、預測、說解，而命卻無可如何。而由於班固已明言「物盛而衰，固其變也」，這雖是勢所造成，但究其實，實乃命，只是由盛而衰的臨界點發生在何處，無人可以知曉，只確知其有發生逆轉之必然。而人所能做的，則在避免趨近於那個逆轉的臨界點而已。由此乃可進而言應對之道。

（三）應對之道

　　雖然班固也究觀古今之變，也有「究其本末」之目的，但與司馬遷仍有一段距離。司馬遷自許其作，欲以「通古今之變」，此乃為歷史尋出路，為人類找立足點，故窮究歷史之終極走向。班固則為時代留見證，故多重在「現在變得怎樣了」；「從何時起這樣了」？也就是說，「現在走道了哪裡？」「以前是如何過來的？」所以他特重書始之例。如〈外戚恩澤侯表〉：「公孫弘自海瀕而登宰相，於是寵之以列侯之爵……自是之後宰相畢侯矣」；〈天文志〉：「自是之後，眾暴寡，大并小」；〈地理志〉：「自是之後，滎陽下引河東南為鴻溝」；〈溝洫志〉：「自是之後，用事者爭言水利」；〈游俠傳〉：「自是之後，俠者極眾，而無足數者」；〈西域傳〉：「自是之後……殊方異物，四面而至」；〈鄭吉傳〉：「都護之置自吉始」；〈韋賢傳〉：「丞相致仕自賢始」；〈丙吉傳〉：「公府不案吏，自吉始」；〈谷永傳〉：「故事，公卿病，輒賜告，至永獨即時免」；〈賈誼傳〉：「是後大臣有罪，皆自殺，不受刑。至武帝時，稍復入獄，自甯成始」；〈東方朔傳〉「是後，公主貴人多踰禮制，自董偃始」；〈高五王傳〉：「自吳楚諸誅後，稍奪諸侯權，左官附益阿黨之法設。其後諸侯唯得衣食租稅，貧者或乘牛車」；〈叔孫通傳〉：「諸果獻由此興」等等。至於應當如何，他除部分有明說外，大抵寓意敘事之中，茲不復贅。今僅就班氏所提有關個人之應對之道論之。

1. 與時俱變

　　前引〈竇田灌韓傳〉贊說「竇嬰不知時變」。為何說竇嬰不知時變呢？因為竇嬰於孝景時為皇太后從兄子，七國之亂，嬰有大功，又極得太后之寵，田蚡乃景帝小舅子，竇嬰為大將軍時，田蚡始為諸曹郎，所以蚡「往來侍酒嬰所，跪起如子姓」。但武帝之時，嬰已成疏屬遠親，竇太后死，益疏不用，無勢。而蚡為國舅，帝富於春秋，蚡以肺腑為相，賓客多去竇嬰而就田蚡。在這種彼長我消、危機四伏的情況下，竇嬰還想挽回勢力而與田蚡爭鬥。這

無疑是未能看清時勢變化的愚蠢行為，所以班固批評竇嬰「不知時變」。

魏其侯竇嬰之事是反面的例子，至於正面之面之例，則莫過於叔孫通之事。〈叔孫通傳〉記載叔孫通為秦博士。陳勝起兵山東，使者以告。二世問諸生，諸生言造反，二世怒形於色。叔孫通向前說，這不過是群盜而已，於是二世顏回。其後言陳勝舉兵是造反的，皆下吏；言為盜的都沒事。叔孫通出宮反舍，諸生以「何言之諛也」相詢，他回答說：「公不知也，我幾不得脫於虎口」。可見他知所變通，才救了自己一命。

叔孫通歸順漢朝之後，「儒服」，令劉邦感到十分厭惡，他又立刻順應的改服楚製，於是「漢王喜」。到了叔孫通有發言權之時，他以漢王「方冒矢石爭天下」，而諸生不能鬥，所以「專言諸故群盜壯士進之」，而對從弟子百餘人卻不加薦舉，並對諸生說：「且待我，我不忘矣」。其後天下既定，叔孫通因為替漢定朝儀而徵魯生，諸生中有二人以叔孫通「所為不合古」而不肯應徵。叔孫通罵他們說：「若真鄙儒也，不知時變。」及朝儀既行，叔孫通大貴，於是引進諸生，這時諸生才喜孜孜地說：「叔孫先生誠聖人也，知當世之要務。」而班固也在〈敘傳〉讚美他：

　　　　叔孫奉常，與時抑揚，稅介免冑，禮儀是創，或哲或謀，觀光國之。

從班固對竇應嬰之批評與對叔孫通之稱美中，吾人不難發現，班氏之旨歸，即是要人「通變」、「應變」及「與時俱變」。

2. 持敬修身

人生在世有許多事，可透過歷史思考或經驗判斷，而趨吉避凶。這是通變、應變或與時俱變，也是合於理性的行為。然則在人世間亦有許事，事與願違，更有許多事超乎情理與想像。例如博望侯張騫，始未侯時，應募出使月氏，道經匈奴，匈奴留張騫十餘年，張騫持漢節不失。其後從羌中歸來，又為匈奴所得，趁匈奴內亂始得逃歸國門。前後十三年，去的時後，共有一百多人，回時只賸兩人，可見其出生入死之情形。後來張騫以從大將軍伐匈奴，封為博望侯。而貳師將軍李廣利以李夫人及伐大宛的關係，封為海西侯，征和三年（前 90 年），貳師將七萬騎出五原，擊匈奴，後以兵敗，降匈奴。貳師在匈奴歲餘，因衛律害其寵，用計使單于殺貳師以祠社。此二人，一個是置之死地而後生，而重生後榮寵無與，一個是貪生怕死，雖暫生而結果死得益慘。可見福禍變化的詭譎。所以〈敘傳〉云：

　　　　博望杖節，收功大夏；貳師秉鉞，身釁胡社。致死為福，每生（貪

生也）作禍。

班固更在〈幽通賦〉舉了《淮南子》塞翁失馬以及歷史上許多的例子，以說明禍福之無常與相違，更總結地指出「變化故而相詭兮，孰云豫其終始」，可見他在這方面感受是相當深的。而這當與他的下獄而死裡逃生，有莫大的關聯。然而福禍既是如斯詭譎多變，則吾人面對危疑，應如何自處，即成問題。而班固也思考過此一問題，所以他在賦中說：

> 物有欲而不居兮，亦有惡而不避，守孔約而不貳兮，乃輶德而無累。

所謂的孔約，就是「順天性以斷誼（義）」，此在前已言之，茲不復贅。

此外，宮廷中更是一個福禍無常的是非之地。班固由其姑祖之遠寵絕禍，與趙氏姐妹的專寵滅絕，得到極大的啟發。所以〈外戚傳〉贊云：

> 《易》著吉凶而言謙盈之效，天地鬼神至于人道靡不同之。夫女寵之興，繇至微而體至尊，窮富貴而不以功，此固道家所畏，禍福之宗也。序自漢興，終于孝平，外戚後庭色寵著聞者二十有餘人，然其保位全家者，唯文、景武帝太后及邛成后四人而已。至如史良娣、王悼后、許恭哀后身皆夭折不辜，而家依託舊恩，不敢縱恣，是以能全。其餘大者夷滅，小者流放，嗚呼！鑒茲行事，變亦備矣。

所謂「鑒茲行事，變亦備矣」，是說只要看看宮庭后妃外戚之家，其間的行事自處與興衰存亡，也就可以大略了解，甚至全盡人世間變化之理了。

申言之，班固既云：「《易》著吉凶而言謙盈之效，天地鬼神至於人道靡不同之。」也就表示「謙受益，滿招損」具有「普遍性」，而可為全人類一體同尊之歷史律則。所以班固《漢書》雖以儒家積極應世的態度為主，然亦頗見以道家思想作為人生高峰上的煞車（當然這不必然是道家之思想，蓋儒家有其進取之一面，亦有其退守之一面）。如〈趙充國傳〉載充國平羌之後，罷屯田，振旅而還。其好友浩星賜一方面迎接他，一方面對他提出忠告：

> 眾人皆以破羌、強弩出擊，多斬首獲降，虜以破壞。然有識者以為虜勢窮困，兵雖不出，必自服矣。將軍即見，宜歸功於二將軍出擊，非愚臣所及。

這正是功成不居之意（顏子亦有「願無伐善無施勞」之言）。但趙充國以為自己年歲已高，爵位已極，「豈嫌伐一時事以欺明主哉」？於是依自己的意思回答。結果辛武賢罷歸故官，不得升遷，於是深懷恨意。其後遂告充國子趙卬泄露省中語，趙卬終下吏自殺。

　　又如〈循吏傳〉載，龔遂爲渤海太守，數年，上遣使者召之，議曹王生
就建議龔遂說：

> 天子即問君何以治渤海，君不可有所陳對，宜曰皆聖主之德，非小
> 臣之功也。

宣帝召見，龔遂依此回話，宣帝果然十分高興，還笑問龔遂「安得長者之言
而稱之」？他如〈蓋寬饒傳〉載王生之言；〈衛青傳〉載甯乘之言，〈霍光傳〉
深譏霍光「湛溺盈溢之欲，以增顛覆之禍」等都是明顯的例子。不但如此班
固於〈敘傳〉中亦長篇大論的慨乎言之〔註30〕，他說：

> 詭矣禍福，刑於外戚。高后首命，呂宗顛覆。薄姬墜魏，宗文產德。
> 竇后違意，考盤于代。王氏仄微，世武作嗣。子夫既興，扇而不終。
> 鉤弋優傷，孝昭以登。上官幼尊，類禍厥宗。史娣、王悼，身遇不
> 祥，及宣響國，二族後光。恭哀產元，天而不遂。邛成乘序，履尊
> 三世。飛燕之妖，禍成厥妹。丁、傅僭恣，自求凶害。中山無辜，
> 乃喪馮、衛。惠張、景薄，武陳、宣霍，成許、哀傅，平王之作，
> 事雖歆羨，非天所度。怨咎若茲，如何不恪！

在那麼多福禍相違的例子中，人如何避免「滿」而招致「損」，又如何去行「謙」
以獲得「益」？而且，福禍相違的道理，由外戚看來更是典型，在命運擺佈
下，如何面對歷史的變遷與宮庭之賽局，那就是堅持一個「敬」字。

　　何以「敬」如此重要？《左傳》釐公十一年（前 649 年）記載，周使內
使過賜晉惠公命，晉惠公受玉時，表現怠惰，內史過回來就對周天子說：

> 晉侯其無後乎！王賜之命，而惰於受瑞，先自棄也已，其何繼之有！
> 禮，國之幹也；敬，禮之輿也。不敬則禮不行，禮不行則上下昏，
> 何以長世！

心中之恭敬，表現於外的就是禮，故敬是禮的起點，不敬則禮不行，禮不行
自是無禮，對人無禮，凶害自然就臨身了。《左傳》成公十三年（前 578 年）
亦載，成肅公受賑于社，不敬。劉康公就說：

> 吾聞之，民受天地之中以生，所謂命也。是以有動敬禮義威儀之則，
> 以定命也。能者養之以福，不能者敗以取禍。是故君子勤禮，小人
> 盡力。勤禮莫如致敬……

〔註30〕〈敘傳〉中，〈外戚傳〉的小序，是《漢書》所有篇章小序中最長的，比〈高
　　　　帝紀〉還長。

所謂能者養之以福，如何致福，就是「勤禮」，而勤禮又莫如「致敬」，所以保持一顆恭敬之心，是非常重要的，這叫作從心做起〔註31〕。〈刑法志〉也說：「愛待敬而不敗」，刑之於后妃，正足以說明一切。所以說，惟只有一個「敬」字，可為一切「態度」之準則，而此準則，亦不違背「順天性以斷義」的「行動」依據。

然而惑者必疑，如堅持一「敬」字及「順天性以斷義」，則必違「與時俱變」、「明哲保身」之處世原則。這也不無道理，不過也別忘了，班固言「明哲保身」之處世原則，是在人力可操控的範圍立論。而其「順天性以斷義」則是包含了「無可如何」處的行動依據，是以二者並不衝突。何況明哲保身並非要人行邪僻之事，或逃避責任，他所要求的只是量力而為，不超越某種努力的極限罷了。

〔註31〕以上所引《左傳》兩段話，〈五行志〉皆曾徵引。

第七章 《漢書》經世思想之哲學考察

第一節 《漢書》政治思想之哲學考察

一、漢家統治政權之正當化

在大一統的漢武帝時代，司馬遷將〈本紀〉中所有帝王的遠祖，歸結於統一的一個源頭——黃帝。依〈五帝本紀〉記載，五帝除黃帝自己之外，顓頊帝高陽是黃帝的孫子；帝嚳高辛，是黃帝的曾孫；帝堯放勳是帝嚳的兒子，也就是黃帝的玄孫；虞舜重華是顓頊帝之七世孫，也就是黃帝的九世孫。依〈夏本紀〉記載，禹是顓頊帝的孫子，也就是黃帝的玄孫。依〈周本紀〉記載，周之始祖后稷，其母姜元，是帝嚳之元妃，則后稷亦黃帝之後。〈秦本紀〉則說，秦之先，帝顓頊之苗裔。甚至連跟劉邦逐鹿中原，沒當成皇帝的項羽，司馬遷都懷疑他會不會也是虞舜的後代，〈項羽本紀〉末，太史公曰：

> 吾聞之周生曰「舜目蓋重瞳子」，又聞項羽亦重瞳子。羽豈其苗裔邪？
>
> 何興之暴也。

但唯獨有個例外，那就是劉漢的政權。司馬遷「斬釘截鐵」的找不到劉邦祖先的源頭不說，甚至連劉邦父母的名字也「堅持」弄不清處，只管劉邦的父親叫太公，母親叫劉媼，但這那是什麼名字呢？

不管馬遷之用意為何，從《史記》的字裡行間來看，劉氏政權的興起都不是很正當的，而以上所述就是第一個理由。第二個理由，則表現在〈秦楚之際月表〉前的三段議論：

> 太史公讀秦楚之際，曰：初作難，發於陳涉；虐戾滅秦，自項氏；

撥亂誅暴，平定海內，卒踐帝祚，成於漢家。五年之間，號令三嬗，
自生民以來，未始有受命若斯之亟也。

昔虞、夏之興，積善累功數十年，德洽百姓，攝行政事，考之于天，
然後在位。湯武之王，乃由契、后稷脩仁行義十餘世……其後乃放
弒。秦起襄公，章於文、繆，獻、孝之後，稍以蠶食六國，百有餘
載，至始皇乃能并冠帶之倫。以德若彼，用力如此，蓋一統若斯之
難也。

秦既稱帝，患兵革不休，以有諸侯也，於是無尺土之封，墮壞名城，
銷鋒鏑，鉏豪桀，維萬世之安。然王跡所興，起於閭巷，合從討伐，
軼於三代，鄉秦之禁，適足以資賢者為驅除難耳。故憤發其所為天
下雄，安在無土不王。此乃傳所謂大聖乎？豈非天哉，豈非天哉！
非大聖孰能當此受命而帝者乎？

這三段議論說明，依據歷史經驗法則，取天下或以德，或以力。以德者，若
虞、夏，若湯武；以力者，若嬴秦，足徵取天下之「難」。而劉邦既無德，亦
無力，怎麼能得到天下呢？所以馬遷連用了兩個「豈非天哉」？說明了劉邦
之「僥倖」。至於「非大聖孰能當此受命而帝者乎？」則更帶有嘲諷的意味，
因為事實上，馬遷筆下的劉邦，是頗為不堪的。如以「號令三嬗」言之，彼
德不厚、力不足，若陳涉者固足死矣；德不厚，力不繼若項羽者亦死矣，彼
劉邦者何以存哉？

劉漢政權既不正當，那東漢的政權如何正當？一代之史的《漢書》如何
正當？這有點像法理學上的「毒樹果理論」〔註1〕。而且這種不正當還不是純
思辯的推論，而是當時確有的質疑。〈敘傳〉就記載，隗囂曾對班彪說：

先生言周、漢之勢可也，至於但見愚民習識劉氏姓號之故，而謂漢

家復興，疏矣！昔秦失其鹿，劉季逐而掎之，時民復知漢乎？

所以班彪特針對此問題加以澄清，他於〈王命論〉說：

是故劉氏承堯之祚，氏族之世，著乎《春秋》。唐據火德，而漢紹之，

始起沛澤，則神母夜號，以章赤帝之符。

〔註1〕所謂「毒樹果理論」，簡單的說就是，有毒的樹長出的果實亦有毒，所以以違
法方式取得的證據，不得為有效證據，此論美國法院時常引用。例如偷拍的
錄影帶在訴訟程序上不該具有證據力即是。見周叔厚《證據法論·保全程序·
不合法取得證據·毒樹毒果理論與沖淡理論》（臺北：國際文化事業公司，1989
年），頁1089～1102。

這就說明了，劉氏也是黃帝的後代，尤其是堯的後代。既是堯的後代，則以堯之德，其後代之有天下，也就理所當然了。所以〈王命論〉接著又說：

> 由是言之，帝王之祚，必有明聖顯懿之德，豐功厚利積累之業，然後精誠通於神明，流澤於生民，故能為鬼神所福饗，天下所歸往，未見運世無本，功德不紀，而得屈起在此位者也。

不但如此，班彪接著又進一步申論說：

> 世俗見高祖興於布衣，不達其故，以為適遭暴亂，得奮其劍，游說之士至比天下於逐鹿，幸捷而得之，不知神器有命，不可以智力求也。悲夫！此世之所以多亂臣賊子者也。若然者，豈徒闇於天道哉？又不睹之於人事矣！

不過由於茲事體大，且班彪之說，理據上仍有不足，所以班固著《漢書》的首要之務，仍是「還」劉漢政權的正當性。而他也對症下藥的從兩方面下手。

　　首先，就「劉為堯後」這點，他除了抄錄其父的〈王命論〉〔註2〕，並於〈敘傳〉重申劉為堯後之說外〔註3〕，更於〈高帝紀〉詳細論證，以「證實」之。〈高帝紀〉贊說：

> 《春秋》晉史蔡墨有言，陶唐氏既衰，其後有劉累，學擾龍，事孔甲，范氏其後也。而大夫范宣子亦曰：「祖自虞以上為陶唐氏，在夏為御龍氏，在商為豕韋氏，在周為唐杜氏，晉主夏盟為范氏。」范氏為晉士師，魯文公世奔秦。後歸于晉，其處者為劉氏。劉向云戰國時劉氏自秦獲於魏。秦滅魏，遷大梁，都于豐，故周市說雍齒曰「豐，故梁徙也」。是以頌高祖云：「漢帝本系，出自唐帝。降及于周，在秦作劉。涉魏而東，歲為豐公。」豐公蓋太上皇父。其遷日淺，墳墓在豐鮮焉。及高祖即位，置祠祀官，則有秦、晉、梁、荊之巫，世祠天地，綴之以祀，豈不信哉！由是推之，漢承堯運，德祚已盛，斷蛇著符，旗幟上赤，協於火德，自然之應，得天統矣。

翻開《漢書》，班固從未有那一篇論證，像這篇這麼詳細（雖然還是有漏洞），而「豈不信哉」一語，更道盡了他的目的——要人相信劉是堯後。「得天統矣」，也表明權力之正當性。

〔註2〕　在此仍須注意，班彪之有〈王命論〉是一回事，班固將他鈔入《漢書》又是一回事。也就是說，他的收錄，其實已在進行解釋。

〔註3〕　〈敘傳〉云：「皇矣漢祖，纂堯之緒，實天生德，聰明神武」。

－233－

其次，就劉邦得天下一事言，他刻意照錄司馬遷「得天下之難」的理論，而後再透過定性解釋，以「秦之禁，適所以資豪桀而速自斃」及「古世相革，皆承聖王之烈，今漢獨收孤秦之弊。鑴金石者難爲功，摧枯朽者易爲力，其勢然也」，來化解馬遷對劉邦之質疑與諷刺。但不可否認，他這種解釋，是有根據並且是合理的。

透過這樣的論述，我們應該可以了解班固對漢政權正當性之關注及其正當化漢政權之方法與貢獻了。

二、君權之起源與王道

在《漢書・刑法志》之序文中，有一段話，說明了君王的產生及其權力的來源：

> 夫人宵天地之貌，懷五常之性，聰明精粹，有生之最靈者也。爪牙不足以供嗜欲，趨走不足以避利害，無毛羽以禦寒暑，必將役物以爲養，任智而不恃力，此其所以爲貴也。故不仁愛則不能群，不能群則不能勝物，不勝物則養不足。群而不足，爭心將作，上聖卓然先行敬讓博愛之德者，眾心說而從之。從之成群，是爲君矣；歸而往之，是爲王矣。

換言之，班固之意，君主乃起源於一種「社會行爲」的取向，這種行爲與他人有關，並具有共同的意義。也就是說有一個特殊者，針對鬆散的社群的某種缺失，先行逆向操作，以一種特殊的社會事實，吸引一群人之歸附，這群人現在有了共同之行爲或思想的模式。而此特殊者也不知不覺中，有了影響力，當歸往之人愈來愈多，此社群也愈來愈大，於是就會產生一種類似規範或強制的力量，使得「社會行爲」發生「社會結構」上的關聯。

原始之君王，既如是而產生，則就統治型態或統治行爲言，自亦不同於後代。班固接著說：

> 《洪範》曰：「天子作民父母，爲天下王。」聖人取類以正名，而謂
> 君爲父母，明仁愛德讓，王道之本也。

這是依據《洪範》，進一步將君王比作父母。古代父母對子女負有養育之責任，也享有至高無上乃至決定其生死之權力。於此君王之力量立刻提升，比擬了父權。但在此班固只就責任發論，所以只說王道之本在於「仁愛德讓」。班固理想中之君道或王道，既係如此，故他對於西京十二帝中之文帝最爲讚許。〈文帝紀〉贊所云：

　　孝文皇帝即位二十三年，宮室苑囿車騎服御無所增益。有不便，輒
　　弛以利民。嘗欲作露臺，召匠計之，直百金。上曰：「百金，中人十
　　家之產也。吾奉先帝宮室，常恐羞之，何以臺爲！」身衣弋綈，所
　　幸慎夫人衣不曳地，帷帳無紋繡，以示敦朴，爲天下先。

就是一種仁愛，就符合人們歸往的條件。贊文接著指出：

　　治霸陵，皆瓦器，不得以金銀銅錫爲飾，因其山不起墳。

比之其前的君王這就是一種讓的表現，因爲如此作，雖比先王之墳遜色，但
是卻有一種「德不若」則不該「等比」的謙虛意味，並且可以省減民力，垂
法後世。贊文又說：

　　南越尉佗自立爲帝，召貴佗兄第，以德懷之，佗遂稱臣。與匈奴結
　　和親，後而背盟入盜，令邊備守，不發兵深入，恐煩百姓。吳王詐
　　病不朝，賜以几杖。群臣袁盎等諫說雖切，常假借納用焉。張武等
　　受賂金錢，覺，更加賞賜，以媿其心。

這是以德懷人，也是仁民愛人之表現。其中不發兵深入，或許不能解決問題，
但文帝之決策行爲，卻有「價值合理」的意義在。贊文最後說文帝：

　　專務以德化民，是以海內殷富，興於禮義，斷獄數百，幾致刑措。
　　嗚呼，仁哉！

簡直讚美至無以復加。孔子曰：「如有王者，必世而後仁；善人爲國百年亦可
以勝殘去殺矣。」文帝繼呂后之滅而起，二十三年而已，天下幾歸於仁，亦
可謂無愧王者之號了。

　　王道多表現於君王之自身，而班固尤重君王之恭儉。其於文帝之稱美固
有恭儉之因素，於孝景之贊亦曰：

　　漢興，掃除煩苛，與民休息。至于孝文，加之以恭儉，孝景遵業，
　　五六十載之間，至於移風易俗。周云成康，漢言文景，美矣！

景帝之所以承父業，比美成、康，不是在恭儉嗎？須知黃老之治的放任，固
能對治戰後之殘破荒涼，然國家之秩序，猶賴上位者之用心。丙吉爲相，逢
清道者群鬥，死傷橫道，丙吉過之而不問，逢人逐牛，牛喘吐舌，卻問「逐
牛行幾里矣？」〔註4〕宋朝李沆爲相，嘗曰：「居重位無實補，惟中外所陳利
害，一切報罷之，此少以報國耳。」〔註5〕此二人豈非跡近於無爲，然丙吉以

〔註4〕見《漢書‧丙吉傳》。
〔註5〕見《宋史》，卷二八二〈李沆傳〉。

爲：

> 民鬥相殺傷，長安令、京兆尹職所當禁備逐捕，歲竟丞相課其殿最，奏行賞罰而已。宰相不親小事，非所當問於道路也。方春少陽，未可大熱，恐牛近行用暑故喘，此時氣失節，恐有所傷害也。三公典調和陰陽，職所當憂，是以問之。

李沆以爲：

> 今之朝士得升殿言事，上封論奏，了無壅蔽，多下有司，皆見之矣。若邦國大事，北有契丹，西有夏人，日旰條議所以備禦之策，非不詳究。薦紳如李宗諤、趙安仁，皆時之英秀，與之談，猶不能啓發吾意；自餘通籍之子，坐起拜揖，尚周章失次，即席必自論功最，以希寵獎，此有何策而與之接語哉？

所以所謂「無爲」，實是「識大體」之有爲。面對荒涼赤貧之修復、小康局面之成長與大同富庶之維持，帝王之無爲不就在恭儉嗎？〈武帝紀〉贊云：

> 如武帝之雄材大略，不改文景之恭儉以濟斯民，雖《詩、書》所稱，何以加焉？

他認爲武帝的最大缺失，就是少了恭敬與儉約之心，否則是多麼的完美？昭帝時，霍光輔政，光敬謹有加，又「知時務之要，輕繇薄賦，與民休息」，「舉賢良文學，問民所疾苦」，這些對昭帝的贊辭，不是對恭儉的重視嗎？〈元帝紀〉贊，稱元帝寬弘盡下，出於恭儉，號令溫雅，有古之風烈。不也提及恭儉嗎？蓋帝王是人間富貴之極致，而恭儉就是其最難能克制之對頭。所以班固的王道思想不只包含了王者的德讓施仁，也隱括了王者的恭儉，而恭儉又無非是對民脂民膏的珍惜。

三、封建制度與官僚體系

（一）班固對「封建制度」之看法

漢家之制，最是犖犖大者，莫過封侯建國一事。班固於此建制，亦頗有意見或想法，茲述之如下：

第一，班固作〈諸侯王表〉，歷數古今封建成敗得失，並究其終始強弱之變，以明鑑戒。由其論述稱：周行封建，親親賢賢，深根固本而不可拔，盛則周、召相治，衰則五伯扶弱共守，其後號位已絕於天下，尚猶枝葉相扶；秦雖居勢勝之地，然內無骨肉本根之輔，外無尺土藩翼之衛，出入三代，國

滅身亡。此其贊成封建屏藩，自無疑問。

第二，〈諸侯王表〉指出：「漢興之初，海內新定，同姓寡少」，高祖「懲戒亡秦孤立之敗，於是剖疆裂土」，「大啓九國」；「藩國大者夸州兼郡，連城數十，宮室百官同制京師」，天子自有者連京師，不過十五郡，而且其中還包括許多公主與列侯的食邑。班固認爲這是「矯枉過其正」。

第三，由於諸侯王過於強大，末流荒淫越法，甚至心懷異圖，於是推恩析國。七國亂後，「抑損諸侯，減黜其官」，武帝時因有淮南、衡山之事，於是仕於諸侯者，不得仕於王朝；朝臣而阿附諸侯者，予以重罰〔註6〕。諸侯惟得衣食稅租，不與政事。王莽之篡位，固由於哀、平短世，國統三絕，又皆是「繼體苗裔，親屬疏遠，生於帷牆之中，不爲士民所尊」，但很重要的一點，「王莽知漢中外殫微，本末俱弱，無所忌憚，生其姦心」。諸侯王既不能干預政事，又不能統有軍隊，於是既沒責任感，更沒有實力，所以王莽一朝「馳傳天下，漢諸侯王厥角稽首，奉上璽韍，惟恐在後」〔註7〕。因此如果推測：班固雖贊成藩國不得太大，但諸侯絕不能「惟得衣食租稅，不與政事」，應該不會有什麼問題。何況古者天子六軍，大國三軍，次國二軍，小國一軍〔註8〕，諸侯也都是擁有軍隊的。至於班固未能明說者，蓋以明帝察察，且永平十三年（70年）「楚王英謀反……所連及死徙者數千人」；永平十五年（72年）夏「淮陽王延謀反……所連及誅死者甚眾」〔註9〕，而有所諱也。

第四，〈高惠高后文功臣表〉記載，漢高祖五年（前202年），東克項羽，八載而天下乃平，始論功而定封，訖十二年，侯者百四十有三人。封爵的誓言說：「使黃河如帶，泰山若厲，國以永存，爰及苗裔。」但當時人民散亡，是以大侯不過萬家，文、景之間流民既歸，列侯大至三、四萬戶。於是因富厚而驕逸，加以武帝時之法網又稍嫌嚴密，於是子孫多陷法禁，至武帝後元（前88～87年）之年就無遺類了。在此班固十分讚同杜業所提「繼絕世存亡國」的觀念。因爲：一者，「跡漢功臣，亦皆割符世爵，受山河之誓」，漢家必須守信。二者，漢家法網太密，未免輕易入人於罪，對不起功臣子孫。三者，功臣「朽骨孤於墓」，祭祀斷絕，不得血食；「苗裔流於道，生爲愍隸，死爲轉屍」，也眞是可憐。四者，朝廷曾經下令，尋找功臣後代，當時不少人

〔註6〕說見《漢書·諸侯王表》王先謙《補注》。
〔註7〕以上引文皆見《漢書·諸侯王表》
〔註8〕見《周禮·夏官司馬》。
〔註9〕見《後漢書·顯宗孝明帝紀》。

歡欣鼓舞，但數年過去，卻沒下文，恐見譏天下。此見班固人情理想的一面。最初，杜業也考慮到現實，所以附帶建言：「三人爲眾，雖難盡繼，宜從尤功」，表示至少也要紹封三人。但安於承平逸樂，根本無心此事的成帝，爲了應付先前朝廷尋找功臣後代的事實，只好封蕭何的後代來應付了事。班固不平，所以在後面補了一句：「哀、平之世，增修曹參、周勃之屬，得其宜矣」。換言之，成帝之獨續一人，是有所不宜的了。不僅如此，班固又在〈外戚恩澤侯表〉，再次高喊：

> 自古受命及中興之君，必興滅繼絕，修廢舉逸，然後天下歸仁，四
> 方之政行焉。

對打天下的功臣不仁，如何使天下歸仁？這因是班固的眞意，只是不好直說而已。

第五，漢政四大勢力，曰外戚、曰諸侯王、曰功臣侯、曰官僚吏。四者之中，外戚、諸侯王以姻親與血緣關係建立，有時甚至心懷不軌，與朝廷似近實遠。官僚吏以權利義務關係成立，依法行政，與朝廷亦無同舟共命之觀念。唯獨功臣不同，漢家天下，靠他們以血汗爭來，以血汗護衛。〈高惠高后文功臣表〉一開頭就說：「自古帝王之興，曷嘗不建輔弼之臣所與共成天功者乎？」則可與君王共成天功者、可以爲輔弼者，就是這批功臣。在此輔弼之臣與功臣可以畫上等號。申言之，功臣可委予重任，因爲他們不但有能，而且可信。因此「及其行賞而授位也，爵以功爲先後，官用能爲次序，後嗣恭己尊業，舊臣繼踵居位」。在班固看來，這一切都是合理的。

〈敘傳〉云：「亡德不報，爰存二代，宰相外戚，昭韙見戒。述外戚恩澤侯表第六。」所謂「昭韙見戒」，「韙」是對的、好的、的意思；戒是不對、不可、不該的意思。所以班固昭的是「無德不報」，昭的是「宰相」封侯；諱的則是無功而侯，那些人無功而侯？外戚最多。

無德不報，乃至於殷、周二代之子孫至漢又受茅土，這就是「修廢」。而「至乎孝武，元功宿將殆禁盡」，人材斷層，所以「進拔幽隱，公孫弘自海瀕而登宰相，於是寵之以列侯之爵」，這叫「舉逸」。「修廢」、「舉逸」，都是使天下歸仁的必要條件之一。所以這兩種人，予以恩澤，予以封侯，班固亦認爲是恰當的。

第六，至於因裙帶恩澤而封侯者，又如何呢？〈外戚恩澤侯表〉云：

> 漢興，外戚與定天下，侯者二人。故誓曰：「非劉氏不王，若有亡功

非上所置而侯者，天下共誅之。」是以高后欲王諸呂，王陵廷爭；
孝景將侯王氏，脩侯犯色。卒用廢黜。是後薄昭、竇嬰、上官、衛、
霍之侯，以功受爵。其餘后父據《春秋》褒紀之義，帝舅緣〈大雅〉
申伯之意，寖廣博矣。

班固特別標舉與定天下者二人，然後用一個故字連接誓詞。說明他對外戚有
功者封侯的肯定。至於雖有裙帶關係，卻無功者，他還是同意劉邦的規範：「若
有亡功非上所置而侯者，天下共擊之。」〔註10〕而高后所王之諸呂，孝景所
侯之王氏，都非其正，都是他所「見」之「戒」，而期期以爲不可的。

第七，薄昭、竇嬰、上官、衛、霍之侯，班固雖說他們「以功受爵」，但
不把他們編入〈高惠高后文功臣表〉及〈景武昭宣元成功臣表〉，可見他們不
純因功而封〔註11〕。不過因他們也絕不純因恩澤而封，所以又加上「以功受
爵」四字，並在前述二表每帝所封功臣若干人之後說：「若干人在〈外戚恩
澤〉。如〈景武昭宣元成功臣表〉說：

右孝昭八人。博陸、安陽、宜春、安平、富平、陽平六人在〈外戚
恩澤〉，桑樂一人隨父，凡十五人。

既曰：「凡十五人」，可見班固仍視上述博陸侯霍光等六人爲功臣，只是亦含
恩澤而不純而已。

第八，班固最難啓齒說明的一批侯者，莫過於后父與帝舅。因爲劉邦曾
封呂后之父爲臨泗侯〔註12〕；光武帝郭皇后其父早卒，但亦曾封后兄郭況爲
陽安侯。雖然這些人之得封，有《春秋》褒紀及《大雅》申伯爲據，但班固
前對蕭、曹後人之封，則言「興滅繼絕，修廢舉逸，然後天下歸仁」，而此處
對后父與帝舅之封，卻說：「寖廣博矣」，相較之下就可以知道，侯及后父及
帝舅爲濫封了，但他有難言之隱，所以說得較含糊，非深思好學之士，是不
易了解的。〔註13〕

最後，第九，是關於外邦降者封侯的問題。〈景武昭宣元成功臣表〉說：

昔《書》稱「蠻夷帥服」，《詩》云「徐方既來」，《春秋》列潞子之
爵，許其慕諸夏也。漢興至於孝文時，乃有弓高、襄城之封，雖自

〔註10〕 國平以爲，劉邦把「非上所置」也列入範圍，其於呂后之了解深矣，防嫌深
矣，於漢家帝祚之慮患則更深矣。
〔註11〕 說參李景星，《四史評議‧漢書評議》。
〔註12〕 見〈外戚恩澤侯表〉及〈外戚傳〉。
〔註13〕 王先謙，《漢書補注》引何焯曰：「廣博言其濫」。

外徠，本功臣後。故至孝景始欲侯降者，丞相亞夫守約而爭。帝黜其議，初開封賞之科，又有吳楚之事。武興胡越之伐，將帥受爵應本約矣。後世承平，頗有勞臣，輯而序之，續元功次云。

察班氏文意，他應當是贊成對降者封侯的。何以言之？首先他一開始就稱引《詩》、《書》、《春秋》，以說明外邦之慕諸夏，是件值得稱述之事，因爲古有明例。而到了文帝之時，才有弓高、襄城之封，但班固認爲，這兩人是功臣之後，還不算蠻夷之慕諸夏。一直到景帝才有眞正蠻夷之歸順，周亞夫雖然抬出漢高之約，但帝黜其議。而「始開封賞之科」，說明此事之難得與難能。難得者，自上古以來爲中國患的匈奴，竟有歸順者；難能者，是景帝打破了，應該說重新解釋了高祖之約。要知道周亞夫曾兩次抬出漢高之約與景帝對抗。一次是竇太后逼景帝封王夫人之兄王信，但周亞夫反對，景帝乃不敢封王信，周亞夫死後，景帝立刻封王信爲侯〔註14〕。對於侯降者一事，景帝大膽的做了。班固也把這些歸順封侯的匈奴人列爲「功臣」。而〈高惠功臣表〉云：「以昭元功之侯籍」、〈景武功臣表〉云：「續元功次」，亦可徵班固承認外邦降者之功勳。於是，吾人知道，做爲史家的班固，雖然信奉高祖之約，但也能因時變易，接受新解。

總之，班固是贊成封建屛藩的。但他認爲諸侯王疆土不可過制，也不可只「衣租食稅，不與政事」，以免緩急無可用。對於功臣要多多照顧，更要注意興滅繼絕，不要忘了當初同指山河的封爵誓言，因爲天下畢竟是他們與高祖共同努力而有的。此外對於高祖無功不侯的約定，必須遵守。不當侯及無功之外戚，如后父、后兄等。對於前朝遺裔或隱逸人才，須予訪詢拔擢，甚至爵以侯位。對於匈奴高位之「降者」，亦可褒封。

不過班固對於封建制度，有上述之觀點是一回事，「何以有此觀點」又是一回事，其中「有矛盾存在，如何疏解」，又是一回事。茲剖析如下。班固從終始本末盛衰之探究中，而有封建屛藩，侯國大小等想法，此無足再論。何以要信守封爵之誓，照顧功臣子孫，亦不待言。最足再剖析者厥爲：既堅守高祖「亡功不侯」之約，何以認同前朝遺賓、宰相、匈奴高位降者可以封侯，而有《春秋》、《大雅》作爲依據的后父、帝舅，反不得侯？這或許可以用「公」字作爲解釋。前朝遺賓及隱逸賢者之推舉，有助漢帝國形象之宣傳，可以收攬人心，有利行政，侯之，有益於國，此公利也。損者爵賞之支出而已。至

〔註14〕見〈張陳王周傳‧周亞夫傳〉。

於匈奴，國家耗廢多少資源，用於爭伐，耗費多少資源，用於軍功爵賞，今匈奴高位來降，侯之可以勸後，可以分化，可示羈縻，可以省軍費、繇役乃至存人命，此亦國之公利也，所損者亦爵賞之支出而已。且此三者從寬解釋，也可謂於漢有功：遺賓有咨詢之用，舉賢有望治之期，來降有反助之功。至於侯及后父帝舅，則絕無功效可言，一朝封侯，只是示天下「不勞」〔註15〕、「裙帶」及「公器私用」而已，何一善之有哉？〔註16〕

（二）官僚體系

言及官僚體系，必先及於人，蓋有人（材），纔能訂出良好之政策與制度。而良好之政策，必能行之見效；良好的制度，必能垂範長遠。所以班固以爲君王之首務，就是要知人善任。〈昭帝贊〉曰：

> 昔周成以孺子繼統，而有管蔡四國流言之變。孝昭幼年即位，亦有燕、蓋、上官逆亂之謀。成王不疑周公，孝昭委任霍光，各因時以成名，大矣哉！

成王、孝昭，不但「知人善任」，而且「任下不疑」，這是他們的難能之處。然而，三公九卿，千僚百吏，亦良莠不齊，所以考覈亦頗重要。而這方面漢家做得最好的莫過於孝宣帝。〈敘傳〉云：

> 中宗明明，夤用刑名，時舉敷納，聽斷惟精。

〈宣帝紀〉贊，也稱美他說：

> 孝宣之治，信賞必罰，綜核名實，政事文學法理之士，咸精其能，至於技巧工匠器械，自元、成間鮮能及之，亦足以知吏稱其職，民安其業也。

至於進用最多人材的，則是武帝。班固說漢武之用人「求之如弗及」，因此「群士慕嚮，異人並出」，「漢之得人，於茲爲盛」，是以「興造功業，制度遺文，後世莫及」〔註17〕。由這段因果式之評述，亦可見班固對人材之重視了。人材既具，乃可言官僚體制。

《漢書》〈百官公卿表〉，其前的序文，歷載羲、農、黃帝以來官制的變遷。由於「秦兼天下，建皇帝之號，立百官之職。漢因循而不革」，所以序首

〔註15〕白居易，〈長恨歌〉云：「姊妹兄弟皆裂土，可憐光彩生門戶；遂令天下父母心，不重生男重生女」。

〔註16〕本段只是提出一種詮釋而已。

〔註17〕見〈公孫弘卜式兒匡寬傳〉贊。

詳述了秦漢朝廷與地方的職官爵祿。這一點比之《史記‧漢興以來將相名臣年表》的缺如，好了許多，也可見班固對制度之重視〔註18〕。因爲篡位之王莽曾「慕從古官，而吏民弗安」，所以在表中，他詳記西漢的官制及職官之變動，這與司馬遷之有大事記一欄，以探察三公在政治上之作用、地位、影響者頗有不同。他很想探察官制究應如何，但基於歷史之發展，尚無足以做一確定，漢制雖隨時宜，其後亦頗有所改，所以他粗略地表舉大分，以備溫故知新，而待於來者。制度如此，於是可以進言吏治與理民之道。

1. 良吏條件

《史記‧太史公自序》說：「奉法循理之吏，不伐功矜能，百姓無稱，亦無過行」。可見司馬遷對於官吏的要求不高，而且他所載循吏都是先漢之人，似乎漢代還找不到這種「依法辦事兼顧情理」之官吏（其實汲黯、鄭當時等應該可以算是循吏）。所以他的〈循吏列傳〉雖是記實，亦頗寓批判之意。班固不同，他於〈敘傳〉說：

誰毀誰譽，譽其有試。泯泯群黎，化成良吏。淑人君子，時同功異。

沒世遺愛，民有餘思。述〈循吏列傳〉第五十九。

他認爲好的官吏，要經由百姓的認定，透過對地方的治理，有所成效才算（三公九卿不對民，故不在評選之列）。那要如何才算有成效呢？依班固之看法，第一，能化泯泯無知之民而成俗者，這是精神文化層面的事。第二，能讓百姓實質受惠者，這是物質文明層面的事。第三，死後還能得到百姓之感念，這是歷史檢證層面的事。雖是這麼高的要求，竟還有不少漢朝的官吏能達到此一標準，而班固連最後被漢朝廷處斬的，都寫了進去。所以他的〈循吏傳〉，頗有與司馬遷一別苗頭之味道，雖亦記實，而頗寓鼓勵之意。

2. 化民之道

如何化民成俗，則莫過於「謹身率先，居以廉平，不至於嚴，而民從化」。蓋如果嚴刑峻法，雖亦可以「路不拾遺」，然民非從「化」，而是懼「罰」，一朝外在的威脅移除，一切又回到原初，破功失效，想當然耳。化則是自然而然的慢慢改變，不易再反回原初之狀態；日後不論何人爲官，百姓之行爲認識，亦無多大之退墮。而這一切又非從教育著手不爲功。如文翁之修起學官，以有學者爲右職；朱邑之「存問耆老孤寡，遇之有恩，所部吏民敬愛」，「爲

〔註18〕班固於〈外戚傳〉首亦歷述後宮後妃姬妾之稱號爵位。

人淳厚，篤於故舊」；黃霸之力行教化而後誅罰，務在成就安全長吏等，皆有上行下效之期待。

3. 富民之道

富民之道無非爲民設想，開其源而節其流。如黃霸使郵亭鄉官皆畜雞豚，以贍鰥寡貧窮者；置父老師帥伍長，頒行之於民間，勸以爲善防姦之意，及務耕桑，節用殖財，種樹畜養，去食穀馬；龔遂之「躬率以儉約，勸民務農桑，……令家養二母彘、五雞」，使民「賣劍買牛，賣刀買犢」召信臣之「禁止嫁娶送終奢靡，務出於儉約」，「府縣吏家子弟好游敖，不以田事爲作，輒罷斥之，……以示好惡」。

總之，理民之道就是要，關心民事，發明生產，獄理訟平，而興教化。做到「所居民富，所去見思」，使自己「生有榮號，死見奉祀」。

4. 官僚管理

官僚治民，要求百姓服從，但官僚的本身要如何管理，也是一問題。這一點，班固在〈循吏傳〉亦有所說。〈循吏傳〉云：

> 及至孝宣，繇仄陋而登至尊，興於閭閻，知民事之艱難。自霍光薨後始躬萬機，屬精爲治，五日一聽事，自丞相已下各奉職而進。及拜刺史守相，輒親見問，觀其所繇，退而考察所行以質其言，有名實不相應，必知其所以然。常稱曰：「庶民所以安其田里而亡歎息愁恨之心者，政平訟理也。與我共此者，其唯良二千石乎！」以爲太守，吏民之本也，數變易則下不安，民知其將久，不可欺罔，乃服從其教化。故二千石有治理效，輒以璽書勉勵，增秩賜金，或爵至關內侯，公卿缺則選諸所表以次用之。

由班固「是故漢世良吏，於是爲盛，稱中興焉」，這句話來看，可見宣帝對地方首長之管理，在班固看來，是一種「有效管理」。也就是說這樣的管理可以代表班固在這方面的想法。析言之：首先，君王要留意吏治，要有心，這是第一層。其次要澄清吏治，加強考核，使刺史、郡守、諸侯相亦不敢不用心吏治，這是第二層。其次不要常換刺史、郡守、諸侯相，做得好也不要常調遷，而改用璽書慰勉，晉陞位次及加發獎金，或封爲關內侯，這是第三層。如果有三公九卿之職缺，就從前面受賞的這些人中優先選用，這是第四層。

至於其他方面，亦有數點可言，如〈佞幸傳〉批判董賢「進不由道，位過其任」，換言之升遷進用要依一定之管道。他還主張「王者不私人以官」，

說明不可以國家公器作爲私恩之賞賜與酬庸。這些都是很好的觀念。

第二節　《漢書》刑法思想之哲學考察

一、法理意識

（一）刑法之必要

　　第一節提到，班固在〈刑法志〉之序文中，有一段話，說明了君王的產生，並引《尚書·洪範》：「天子作民父母，爲天下王」，來說明聖人取類正名，謂君爲父母，以使人明白「仁愛德讓，王道之本」的道理。也就是說君王之於黎民，既如父母之於子女，則其對百姓之愛，之德，亦當如父母之於子女，這是王道之根本。此語類比成理而有其理想性。但班固接著話鋒一轉，來個概念大轉換。他說：

　　　　愛待敬而不敗，德須威而久立。故制禮以崇敬，作刑以明威也。

本來君王之產生，是由於某一個人，他能先行敬讓博愛，因此眾人心悅而歸往之，而成其爲君、爲王。這完全是出於一種自願，且帶有幾分愉悅的服從，而君王也當以仁愛德讓爲本，像父母對子女般無怨無悔的付出，即或不能，也當如孟子所謂：「遠人不服，則修文德以徠之，既徠之，則安之」才是。但班固把君王比作父母之後，卻主張君王的「愛」與「德」，須要相對的回饋。他主張要使君王的「愛」持續不減，則須百姓不斷的「敬」以爲支撐；要使君王之「德」始終不衰，更須一種「威」來維護。申而言之，爲了隆崇對君王之敬，便需有種種規定，這就是「禮」；爲了彰顯君王之威，便需有種種罰則，這就是「刑」，於是制禮作刑（當然，一切的禮，都是「下對上」言，一切的刑，都是「上對下」言）就有了哲學上依據，而王道也就此物化，墮落爲一種統治工具。

　　就創立刑法之必要（依據）言，前述哲學上的依據，實已具足。但班固不以此爲滿足，他把刑法扯上了天，以充實禮刑存在之正當性。〈刑法志〉說：

　　　　聖人既躬明恕之性，必通天地之心，制禮作教，立法設刑，動緣民
　　　　情，而則天象地……刑法威獄，以類天之震曜殺戮也；溫慈惠和，
　　　　以效天之生殖長育也。《書》云：「天秩有禮，天討有罪」。故聖人因
　　　　天秩而制五禮；因天討而制五刑。

班固所說「制禮作教，立法設刑，動緣民情」是就禮儀與刑法之作用與起源言，而則天象地所制之五禮五刑，則是進一步就「禮之節」、「刑之度」言，故其下接言：

> 大刑用甲兵，其次用斧鉞；中刑用刀鋸，其次用鑽鑿；薄行用鞭扑。
>
> 大者陳諸原野，小者致之市朝，其所繇來者上矣。

這已越過第一層次（刑法之必要）之思考。而班固對刑之必要與輕重，不就「政府的一切權力來自百姓」，百姓託付其制裁不義之權，以求取最大多數人的幸福；不就人世間違反人倫道德之程度，或傷害他人之嚴重性思考，而去依附老天的震曜殺戮，欲以「天」作爲哲學上之依據，這就有些不倫不類了。孔子云：「天何言哉！四時行焉，百物生焉，天何言哉！」〔註19〕《尚書》及《孟子》說：「天視自我民視，天聽自我民聽！」〔註20〕班固不反身於人之主體，卻外附於天，雖引《尚書》爲據，卻不知《尚書》之天意，正本於民心人情，此其欲深反淺之失。

（二）刑法之作用

〈禮樂志〉云：

> 禮節民心，樂和民聲，政以行之，刑以防之。禮樂政刑，四達而不悖，則王道備矣。

可見刑法之作用在於預防百姓之逾矩越軌，而爲王道必具的四大要件之一。〈刑法志〉亦云：

> 孔子曰：「工欲善其事，必先利其器。」文德者，帝王之利器；威武者，文德之輔助也。夫文之所加者深，則武之所服者大；德之所施者博，則威之所制者廣。三代之盛，至於刑錯兵寢者，其本末有序，帝王之極功也。

前已言之，班固曾云：「愛待敬而不敗，德須威而久立。故制禮以崇敬，作刑以明威也。」與上合觀，可見德威互輔互濟，而作刑之目的（或是刑之作用），則在「明威」。「威明」則民不犯惡，所以班固認同荀子之論刑：「凡制刑之本，將以禁暴惡，且懲其未也。殺人者不死，傷人者不刑，是惠暴而寬惡也。」〔註21〕班固這種對刑之「作用」或是「存在之目的」的看法與一般

〔註19〕《論語·陽貨》。
〔註20〕《尚書·泰誓》及《孟子·萬章》引〈泰誓〉文。
〔註21〕見〈刑法志〉，班固云：「善乎！孫卿之論刑也……凡制刑之本……」。

之法理學上的「威攝論」，有些許之類似，而與「應報論」大不相同。威攝論──如同柏拉圖所說的：

> 刑罰並不是對過去的報復，因為已經做了的事是不能再勾銷的，他的執行是為了將來的緣故，他保證受懲罰的個人，和那些看到他受懲罰的人，既學會了徹底憎惡犯罪，也大大的減少了他們的舊習。

〔註22〕

這種「威攝論」，具有目的論（teleological）之特徵〔註23〕，而有「預防」的意義。至於「應報論」，則認為罪犯對社會有一種應償付之「債」（debt to pay），社會則因其犯罪之惡行，有向其回索（pays back）之責任〔註24〕。威攝論是向前看的，他把期望寄於未來──減少犯罪的發生，當然他也回答了「為何須要刑法」的問題。應報論則是向後看的，那是一種平衡，以及對受害者的一種安慰，他回答了「應當對誰施以刑罰」的問題。在這一點上，班固倒也是向前看的。他希望仁愛德讓的王道，能持續下去，而其先決條件則是，敬與威的也要維持下去，要使敬與威持續，則禮與刑自然也要與時俱在了。〔註25〕

　　此外，從歷史面說，班固認為刑法也是「應該」自古就有的。他引用《荀子·正名》的話說：世俗以為古代沒有肉刑，只有象徵墨刑、黥刑，穿著草鞋與沒有縫邊之囚衣的罪犯，這是絕不可能的事。因為，如果以為古代是一個治平的世代，人民不犯罪，那麼豈只沒有肉刑，連象刑也不必有了；如果以為古代的人民也有可能犯罪，卻直接施以象徵性的輕刑，那麼就是殺人者不死，傷人者無罪了。所犯的罪極重，所受之刑卻極輕，人民無所畏懼，沒有什麼比這個更亂了（既然沒有比這個更亂的了，那麼怎麼可能是一個「治古」？換言之，由本身的矛盾，即可證成古代有肉刑之事實）。荀子的理論如此，但《尚書·虞書·益稷》謂「象刑惟明」，明明有提到「象刑」，此究應如何解釋，即成問題。於此荀子說：

> 所謂「象刑惟明」者，言象天道而作刑，安有菲履赭衣者哉？

而把「象徵性的刑法」，經由語詞的擴張轉換，解釋成了「象天道而作刑」。

〔註22〕《法律篇》第六章第九三四節。轉引自《法律哲學》Martin P. Golding 著廖天美等譯（臺北：結構群文化事業有限公司，民國80年11月），頁114。
〔註23〕見同註22，《法律哲學》第四章，頁114。
〔註24〕見同註22，第五章，頁133～134。
〔註25〕司馬遷所說：「禮禁未然之前，法施已然之後」。乃系係就施以刑罰之「時機」言，與威攝論或應報論無關。

一個「務實的」理論，如果充分的證成，自該從「理論」、「歷史」及「現實的社會」，三方面探討。班固從社會與哲學的角度申明刑法之必要，而荀子從歷史面證成肉刑的古已有之，正好可補其理論之不足，故他不禁讚嘆說：「善乎！孫卿之論刑也！」

二、刑法理念

（一）立法——主張刪定律令減少模糊地帶

對班固而言，這是一個重要的議題。〈刑法志〉載，漢代自從武帝「外事四夷之功，內盛耳目之好，徵發煩數，百姓貧耗」，於是「窮民犯法」，國家陷入「酷吏擊斷，姦軌不勝」的惡性循環。在刑獄上，最後的結果是禁網浸密，律令煩多，「文書盈於几閣，典者不能遍睹」。「郡國承用者駁，或罪同而論異。姦吏因緣為市，所欲活則傅生議，所欲陷則予死比」。對於這樣的情形，班固斷言「議者咸冤傷之」。

至於如何才能解決這方面的缺失，他認為制度遠比用人重要。〈刑法志〉載，宣帝時路溫舒上疏言「秦有十失，其一尚存」，嚴厲地批判了漢家獄吏的嚴刑逼供與強行誣服。宣帝於是以于定國為廷尉，並設置「廷平」，有時還親自「幸宣室，齋居而決事」。但涿郡太守鄭昌建議：以宣帝之明，「躬垂明聽，雖不置廷平，獄將自正」，但「若開後嗣，不若刪定律令。」律令一定，一則「愚民知所避」，二則「姦吏無所弄」。就不會發生前述的情形了。不過「宣帝未及修正」，其後元帝下詔要求「議律令可蠲除輕減者」、成帝亦下詔「議減死刑及可蠲除約省者」，但都沒人理會。班固憤慨的指出：

> 有司無仲山父將明之材，不能因時廣宣主恩，建立明制，為一代之法，而徒鉤摭為細，毛舉數事，以塞詔而已，是以大議不立，遂以至今。

君王有好的命令，沒有仲山父這樣力行的臣下去遵奉執行，邦國有疵政，沒有仲山父這樣明白的臣子去了解改善。國家法令沒有定制，一代之法不明，君王既已下令改善，但臣下麻木不仁，多如牛毛且不合時宜的律令視而不見，難怪班固認要發出浩嘆了。而這也是他對東漢開國以來刑政缺失的要求改善，所發出的最沉痛呼籲。

（二）立法——主張罪刑相當原則

文、景二帝是有漢一代最為關切刑法之人。文帝有感於緹縈之上書救父

而下詔廢除肉刑，並尋求替代方案，丞相張蒼、御史大夫馮敬亦奏請定律：

> 諸當完（髡）者，完爲城旦舂；當黥者，髡鉗爲城旦舂；當劓者，笞三百；當斬左止者，笞五百；當斬右止，及殺人先自告，及吏坐受賕枉法，守縣官財物而即盜之，已論命復有笞罪者皆棄市。

意思是說「所有當處髡刑（剃去頭髮）者，改爲完刑（去鬢鬚）城旦舂〔註26〕；應當在臉上刺字的，罰爲剃髮頸部束鐵城旦舂；應當割鼻子者，改鞭三百；應當砍掉左腳的，改鞭五百；應當砍掉右腳，及殺人先自首，及收受賄賂玩弄法令、監守自盜公家財物、已判決定罪又犯笞罪者，全都棄市。」對於這樣乍觀之下，好像肉刑已廢，刑度有減輕的建議，孝文帝批了「可」。但是原本只要各依刑度執行肉刑之犯人或累犯，都成了棄市罪；一些原本的較輕的肉刑，改成了鞭刑。而執行鞭刑的人，打累了可以換人，刑鞭又沒尺寸規定，打的又是背部，有些人，還沒打完，就已經死了，那些沒死的，也成了廢人，不能自理生活。所以班固指出：

> 是後，外有輕刑之名，內實殺人。斬右止者又當死。斬左止者笞五百，當劓者笞三百，率多死。

這是他對文帝立法定議不慎之強列批判。

針對文帝一朝立法定律之疏失，景帝倒是提出了對策。他在即位的第一年就下詔說：

> 加笞與重罪（死刑）無異，幸而不死，不可爲人。其定律：笞五百曰三百，笞三百曰二百。

但狀況並無多大改善，所以到中六年（前144年），他又下詔「減笞三百曰二百，笞二百曰一百」，並要求議定「箠令」，最後規定：箠長五尺，本大一寸，末薄半寸，削平竹節，只准笞臀，不准換人，執行完一個罪犯，才可以換人。班固就此評論說：

> 自是笞者得全，然酷吏猶以爲威。死刑既重，而生刑又輕，民易犯之。

案班固此語有三個意思。第一是「死刑過制」。漢文帝雖廢除了肉刑，但將斬右趾（腳）之罪提高刑度至死刑。班固以爲，緣廢肉刑之義「本欲以全民

〔註26〕城旦舂：男犯戍邊，白天防備虜寇，夜暮築城；女犯任舂米之勞役。《漢書·惠帝紀》：「有罪當刑，及當爲城旦、舂者……」注引應劭曰：「城旦者，旦起行治城。舂者，婦人不豫外徭，但舂作米。」

也，今去髡鉗一等，轉而入於大辟」，此乃「以死罔民，失本惠矣。故死者歲以萬數，刑重之所致也」。第二是生刑太輕。案 1964 年春，中國在洛陽南郊發掘五百餘座刑徒之墳墓，出土刑徒墓磚八百餘塊，磚銘所記刑名共四種，一爲「髡鉗」，亦即「髡鉗城旦舂」，這是五歲刑；一爲「完城旦」，亦即「完城旦舂」，這是四歲刑；一爲「鬼薪」，亦即「鬼新白粲」，這是三歲刑；一爲「司寇」，這是兩歲刑。其中以「髡鉗」最多，占 56%，「完城旦」次之，占 33%，其次「鬼薪」，占 7.4%，「司寇」最少，占 3.6%〔註27〕。何以「髡鉗」最多，達 56%，這有兩點可說：其一，因爲這四類徒刑中，以「髡鉗城旦舂」刑度最重，刑期最長，因此而死者自然最多。其二，被判此刑之人數最多，故死亡者亦最多。第一種原因與本文無涉，在此不予探討，就第二種原因而言，則產生一個問題：爲何被判「髡鉗城旦舂」的人數最多？這當與「中輕度」刑等之欠缺有重要的關連。因爲笞刑本是劓刑與斬左趾（腳）之替代刑，且執行之後，還要併科「髡鉗城旦舂」這種五歲刑，因此「笞」要算是中度之刑。於是在笞及「髡鉗」之間，形成刑度之斷裂，如果判「笞」有過重之嫌，則只好改判「髡鉗」，因此形成「髡鉗」刑特多之現象〔註28〕。所以班固說：

> 至乎穿窬之盜，忿怒傷人，男女淫佚，吏爲姦藏，若此之惡，髡鉗
> 之罰又不足以懲也。故刑者歲十萬數，民既不畏，又曾不恥，刑輕
> 之所生也。

第三個意義，則是主張應有中間刑。不過班固雖嫌生刑過輕，卻不是主張在「笞刑」與「髡鉗」之間增加「中輕度的刑等」。他的主張是要在「死刑」與「笞刑」之間加上「中重度」的「刑等」，也就是恢復肉刑。他主張，除二百章大辟之刑外「其餘罪次，於古當生，今觸死者，皆可募行肉刑。及傷人與盜，吏受賕枉法，男女淫亂，皆復古刑（甫刑之屬三千皆是肉刑）」，而「詆欺文致細微之法，悉蠲除」。他認爲只有這樣，才能「刑可畏而禁易避，吏不專殺，法無二門，輕重當罪，民命得全」，「成康刑錯，雖未可致，孝文斷獄，庶幾可及」。

〔註27〕見中國科學院考古研所洛陽工作隊〈東漢洛陽城南郊的刑徒墓地〉，《考古》
　　　　1972 年第四期。又文、景二帝使徒刑有了定制與規範，故雖是東漢之墓，仍
　　　　可說明西漢之徒刑。

〔註28〕必須要承認，洛陽南郊所發掘的刑徒之墓，只是孤證，冒然引用，恐有以偏
　　　　蓋全之嫌，但班固之言，卻可與之相發明。

換言之，雖然班固主張恢復肉刑，但他只是基於「罪刑不相當」的立法，所引發之一切後遺症立論，其中有降低死刑之呼籲，亦有廢除誣告、詐欺等足以招致法律勉強適用的微細之法——亦即「微罪不舉」的主張，更有其崇高的理想與目的。而且恢復肉刑的對象，也是幾項不見容於當時之罪行，不可完全以殘忍視之。畢竟他對文帝的廢除肉刑之「原意」，還是十分讚賞的。

（三）審判之慎重與罪刑法定原則

路溫舒其人，除諫宣帝言宜〈尚德緩刑〉一疏外，本無可傳，而班固全錄此疏爲傳，並於贊語曰：「路溫舒辭順而意篤，遂爲世家，宜哉！」姑不論其評論之「的當與否」，如吾人謂班固同意路溫舒「尚德緩刑」之看法，應無大誤。而路溫舒之上疏，其要點有二：其中之一就是反對刑求。其言曰「人情安則樂生，痛則思死。箠楚之下，何求而不得？」此言眞是一語道破。所以班固〈刑法志〉亦特別指出：

> 高皇帝七年，制詔御史：「獄之疑者，吏或不敢決，有罪者久而不論，無罪者久繫不決。自今以來，縣道官獄疑者，各讞所屬二千石官，二千石以其罪名當報之。所不能決者，皆移廷尉，廷尉亦當報之。廷尉所不能決，謹具爲奏，傳所當比律令以聞。」上恩如此，吏猶不能奉宣。

又載：

> 孝景中五年復下詔曰：「諸疑獄，雖文至於法而於人心不厭者，輒讞之。」其後獄吏復避微文，遂其愚心。

又說：

> 至後元年，又下詔曰：「獄，重事也。人有愚智，官有上下，獄疑者讞，有令讞者已報讞而後不當，讞者不爲失。」自此之後，獄刑益詳，近於五聽三宥之意。

「五聽」這個辭出自《周官》，指五種審案的技巧與方法。一曰辭聽，指的是觀察嫌犯之說法，是否理直辭暢；二曰色聽，指的是觀查嫌犯的神色，是否從容正常；三曰氣聽，指的是觀察嫌犯之氣息，是否平和；四曰耳聽，指的是觀察嫌犯之聆聽，是否明白正確；五曰目聽，指的是觀察嫌犯之眼神，是否安然直視。這雖是在說明審案之五種技巧，實則最主要的目的，是在察覺眞相，務期毋枉毋縱，尤其是前者。至於「三宥」，也是出自周官，指的是對

於三種情況的犯罪，要予以減免刑責。一曰弗識，二曰過失，三曰遺忘。案上述班固所引三段詔書，實際上與「五聽」、「三宥」，並沒有多大關聯，但發掘真相，勿枉勿縱與審慎評估刑事責任的精神則一〔註29〕，所以班固連類而牽引之。而由以上三段詔書及班固之斷語，可以明白，班固對於謹慎之審判、清楚之訊問及詳細的記載，是多麼的期盼；對於景帝連錯判、改判也不怪罪的詔書，感到多麼的欣慰。蓋章帝元和元年（84 年）秋還曾下詔說：

> 《律》云：「掠者唯得榜、笞、立」。又《令丙》，箠長短有數。自往者大獄以來，掠考多酷，鑽鑽之屬，慘苦無極。念其痛毒，怳然動心。

那在察察之明帝一朝，班固曾經入獄，就算沒有親身受考掠之經驗，恐亦有所耳聞。所以對於保護任何人都應當受到公正的審判，他是有者一分強烈的使命感的。以上係就審訊言，以下說明「法令規定」與「行為時處罰」之關係。

〈馮奉世傳〉載，馮野王曾薦舉王章，及王章為王鳳所害，野王內不自安，於是稱病（時野王為上郡太守），滿三月賜告（當免，賜休假養病），與妻子歸杜陵就醫，大將軍王鳳叫御史中丞劾野王「賜告養病而私自便」，持虎符出界歸家，「奉詔不敬」。此時幕府杜欽向王鳳進言：

> 竊見令曰，吏二千石告，過長安謁，不分別予賜。今有司以為予告得歸，賜告不得，是一律兩科，失省刑之意。夫三最予告，令也；病滿三月賜告，詔恩也。令告則得，詔恩則不得，失輕中之差。又二千石病賜告得歸有故事，不得去郡亡著令。傳曰：「賞疑從予，所以廣恩勸功也；罰疑從去，所以慎刑，闕難知也。」今釋令與故事而假不敬之法，甚違闕疑從去之意。即以二千石守千里之地，任兵馬之眾，不宜去郡，將以制刑為後法者，則野王之罪，在未制令之前也。刑賞大信，不可不慎。

這段話可分幾點來說：第一，法令規定二千石的官吏休假（告）「回家」，沒有予告（准予休假）及賜告（病滿三月當免，但皇上賜予休假）的分別。現在有司以為准予休假的，可以回家；賜予休假的，不可回家。同樣是休假，卻有可回與不可回之不同，有一律兩科之嫌。第二，居官連得三最而准予修

〔註29〕今日我國刑法對於非故意、過失及不知法律之人，仍有減刑之規定，見刑法第十二至十六條。

假是法令之規定;病滿三月而賜予休假是詔恩,依法令的休假可以回家,依詔恩休假反而不可以回家,錯亂了輕重的等級。第三,二千石病滿三月賜予休假可回家,有例可循,但法令卻沒有規定休假不得離郡,如果處罰則有不遵法令、慣例,而假託法令入人於罪之嫌。第四,經傳古書所示「賞疑從予」及「罰疑從去」,也就是寧可錯賞,絕不可錯罰而造成冤枉的基本原則,應當遵守。第五,就算要立法規定,二千石責任重大,不可離開守郡,野王所犯也在立法之前。第六,刑與賞都是政府的威信,不可以不小心謹慎。

班固於此詳錄杜欽之言,實有以杜欽之言爲斷案之意。所以班固大筆特書:

> 鳳不聽,竟免野王。郡國二千石賜告不得歸家,自此始。

而杜欽整段話的精神,無非是「行爲時,法令未規定者不罰」及「刑律不溯及既往」的意思。這就是罪刑法定主義之原則,此原則已成爲近代刑法最重要的觀念之一,所以我國刑法第一條便規定:

> 行爲之處罰,以行爲時之法律有明文規定者爲限。

當然以上所論多是杜欽的思想,不過要知道,杜欽是內朝大將軍王鳳的幕府,杜欽的「奏記」不是兩府文書,而且其意見未爲王鳳所接受。所以不論班固從何得到此「記」而予抄錄,都是極有深意的。而杜欽與班固於一千八百年前之專制體制之下,已有這種觀念與認知,並能思考得如此周延詳盡,堪稱「難能而可貴」了。

(四)責任能力

中國自古就有疑似族誅的紀錄。《尙書‧虞書‧甘誓》記載夏代某國君與有扈氏戰於甘的誓辭,其中最後一句話說:

> 用命,賞于祖;弗用命,戮於社。予則孥戮汝。

意思是說,如果不用命,將連妻兒子女,一併殺之。〈商書‧盤庚〉說得更恐怖:

> 乃有不吉不迪,顚越不恭,暫遇姦宄:我乃劓殄滅之,無遺育,無俾易種于茲新邑。

意思是說如果有不善不順,不從命令,詐僞姦邪之人,則連其小孩也殺掉,不要讓其惡種移於此新之都城(殷)。小孩既見殺,大人更不可能還有遺類。不過這畢竟是一種軍事或政治的宣言或告示,而且是在戰爭前及遷徙前之特殊狀況下發布,宣示警告的成分居多,是否眞有落實施行,尚未見充分之證

據。但《左傳》僖公三十三年（前 627 年），臼季（胥臣）曾引〈周書・康誥〉
（今〈周書・康誥〉無此文）說：

　　　父不慈，子不祇，兄不友，弟不共，不相及也。

《左傳》昭公二十二年（前 520 年）苑何忌也曾說：「在〈康誥〉曰：父子兄
弟，罪不相及。」〔註 30〕則見一般刑法上，並無連坐之情形。不過秦國在秦
文公之時，卻將族誅定刑化。《史記・秦本記》云：「文公二十年（前 746 年），
法初有三族之罪。」其後秦孝公「令民為什伍，而相牧司連坐。不告奸者腰
斬，告奸者與斬敵首同賞，匿奸者與降敵同罰」〔註 31〕，進一步轉化了族誅
之意，而更擴大了株連之層面。

　　〈刑法志〉記載，劉邦統一天下，號稱「網漏吞舟之魚」，「然其大辟，
尚有夷三族之罪」，夷三族者，皆具五刑（黥，劓，斬左右腳，笞殺，梟首，
誹謗者先斷舌。極為殘忍），韓信、彭越就曾受到如此的慘待。高后元年（前
187 年），雖除「三族罪」及「袄言令」，但不久可能又恢復了。所以文帝二年
（前 178 年），才要求重議此事，結果周勃、陳平主張保留，原因是：

　　　父母妻子同產（兄弟）相坐及收，所以累其心，使重犯法也。收之
　　　之道，所由來久矣。

但文帝心中早有定見，詔丞相、御史、太尉議，只是要他們背書而已。所以
在文帝之堅持下，終於廢除了「收律」及「相坐法」。但惹毛漢文帝的新垣平，
還是受到了「三族之誅」。於此班固直批文帝「過刑」，也就是濫用刑法，沒
有「罪刑法定」的觀念。他更批評周勃、陳平所說的是「謬論」，也就是胡說
八道的意思，於此突顯了班固反對株連的一面。

　　以上係「責任能力」是否該「及於第三者」之論辯，班固是表示反對的。
而這符合《公羊傳》昭公二十年所說：「君子之善善也長，惡惡也短；惡惡止
其身，善善及子孫」的觀點。也與《荀子》之看法相近〔註 32〕。而符合儒家
勝殘去殺的精神。

　　至於自身的「責任能力」，班固也表示了意見。班固在〈刑法志〉提到，
《周官》有五聽、八議、三刺、三宥、三赦之法。其中八議及三刺，或許因
為有不合理的地方，班固未加申說，五聽、三宥，前已言之，而所謂三赦

〔註 30〕楊伯峻云：「今〈尚書・康誥〉無此文。所引乃其意，非原文」。見氏著，《春
　　　　秋左傳注》。
〔註 31〕見《史記・商君列傳》。
〔註 32〕《荀子・君子篇》。

者，一日幼弱，二日老眊，三日蠢愚。也就是對於幼年、老年及癡呆之人犯罪，應予赦減其刑的意思。故〈刑法志〉以為，孝景後元三年（前 141 年）之詔：

> 高年老長，人所尊敬也；鰥寡不屬逮者，人所哀憐也。其著令：年八十以上，八歲以下，及孕者未乳，師、朱儒當鞠繫（審訊拘留）者，頌（寬容）繫之。

孝宣帝元康四年（前 62 年）之詔：

> 朕念夫耆老之人，髮齒墮落，血氣既衰，亦無暴逆之心，今或羅於文法，執于囹圄，不得終其年命，朕甚憐之。自今以來，諸年八十非誣告殺傷人，他皆勿坐。

及成帝鴻嘉元年（前 20 年）之定令：

> 年未滿七歲，賊鬥殺人及犯誅死者，上請廷尉以聞，得減死。

都「合於三赦幼弱老眊眊之人」。也都是「法令稍定，近古而便民者也」。案此三詔事實上已經說明了，何以要對這三種人加以赦減之「緣故」。故班固引之以為法理之論述。而當時減刑之度雖較今日刑法之第十八、十九、二十條，及違警罰法第十、十一條為少﹝註33﹞，但其體恤老弱之精神則一。

三、犯罪原理

班固於〈刑法志〉云：

> 原刑獄所以蕃若此者，禮教不立，刑法不明，民多貧窮，豪傑務私，輒姦不得，獄豻不平之所致也。

這段話可分數點來說。首先，班固認為「制禮以止刑，猶隄之防溢水也」。但從漢初到他著史，仍然是「隄防凌遲，禮制未立」。本來決定人的行為的，除了動物性的衝動外，最重要的莫過於社會本身，而自從春秋禮制的社會崩解之後，秦帝國以嚴刑峻法，只維持了數十年短暫的政權便告終結，而社會經歷戰亂之洗禮，一切禁於未然之前的道德禮制規範尚未建立，社會自然會產生一些失序的病態現象。別的不說，光看叔孫通未訂朝儀之前，劉邦「悉去秦儀法，為簡易」，結果「群臣飲爭功，醉或妄呼，拔劍擊柱」，及朝儀既定

﹝註33﹞刑法第十八條：未滿十四歲人之行為，不罰。十四歲以上未滿十八歲人之行為，得減輕其刑。滿八十歲人之行為，得減輕其刑。第十九條：心神喪失人之行為，不罰。精神耗弱人之行為，不罰。第二十條：瘖啞人之行為，得減輕其刑。違警罰法第十條與第十一條，亦有類似之規定。

之後，功臣列侯文官陳列有次，「諸侯王以下莫不震恐肅敬」，「以尊卑次起上壽」，「御史執法，有不如儀者輒引去」，「盡朝置酒，無敢讙譁失禮者」，序亂之間，判然立分。這就是禮制之作用。但這只是朝儀的部分，由於禮制未「備」，因此上如呂后之苦毒戚夫人，成帝之微服冶遊，營造陵墓，奢侈無度；次如諸侯王之驕奢淫逸，近親相姦；下如百姓之兇殺鬥狠，都所在可聞。而武帝之告緡，也使風俗益形澆薄。不過，相對的，在某些循吏統治的轄下，即使禮制未立，卻也教化已成，因而百姓亦重犯法。所以班固以禮制未立──社會道德及價值規範之未建立，為犯罪不減，刑獄有增的原因之一，是十分正確的。

西方社會學大師涂爾幹（E. Durkheim）也曾提出所謂的「無規範理論」，其大意為：法律的功能著重在規範社會不同部門或不同成員間的互動，這些規範強調的是人與人之間，團體與團體之間，個人與團體之間的權利義務，使複雜的生活關係得以規律的運作，如果缺乏此種規範或規範不恰當，就會產生許多社會弊端。以此為實證的研究，他認為「犯罪與社會失序的確有關」〔註34〕。而他的理論就常被犯罪生態學理論者所引用。〔註35〕

其次，班固認為「刑法不明」──「死刑過制，生刑易犯」，刑法沒有全面的整理，於是姦者「亂名傷制」，也是導致犯罪及刑獄增加的原因之一。此前已說之，不復贅言。

第三，班固認為民多貧窮──「饑寒並至，窮斯濫溢」，也是刑獄大增的原因之一。孔子困於陳蔡之間，「從者病，莫能興」，子路問夫子「君子亦有窮乎」？夫子回答說：「君子固窮，小人窮斯濫矣。」〔註36〕管仲也說過，「倉廩實而知禮節，衣食足而知榮辱」。人尤其是小人，到饑寒之時，確實是容易起盜心的。人畢竟存在者動物性，求偶、覓食也確是繁衍下代之必要作為，而維持生存，延續生命更是人人無時無地不在進行之「必然之舉」，所以人到匱乏之時，爭心將作，爭而不能得，就開始為亂了。水旱成災，民相食的例子，更是史不絕書。貧窮容易使人犯罪，班固之言，理無不當。

第四，班固以為，豪傑務私，姦不輒得──「豪桀擅私，為之囊橐，姦有所隱，則狃而浸廣」，此刑獄之所以蕃也。案律令所規定的罪刑，固有其威

〔註34〕見林山田、林東茂著，《犯罪學》，第五章〈犯罪學理論〉（臺北：三民書局，民國79年9月），頁132～135。

〔註35〕見同註34。

〔註36〕見《史記・孔子世家》。

嚇之作用，但如果犯罪之人因爲某種可靠之庇護，而使得刑無用武之地，那麼刑罰之威嚇力就大爲降低了，甚至因爲犯罪卻能逃刑的快感，而使其一再的犯案。反之，如果爲姦輒得，則犯罪之人，自知無所逃於天地之中，如此必重犯罪而非敢輕易蹈之。班固以爲豪傑務私，在後面成爲收容縱放包庇罪犯的大本營，使得犯罪之人，有可依之處，降低了刑罰追訴的力量，成爲犯罪者之溫床，使人有樣學樣，於是犯者漸多，這是必然之理。

如就豪桀之本身言，豪桀「初起」，人單勢孤，然多有所憑，或以俠顯，如朱家；或驅藉報仇，如郭解，或依附他人，如樓護。及其勢既壯，恃其力量與聲名，甚至能與官府及諸侯王相抗衡，而爲維持其聲名與力量，也就不得不接納某些罪犯，有時又須爲人挺身而出，如朱家之接納季布，雖死無憾也無懼。而類似之行逕又引得更多人之讚賞，於是崇拜者有之，效法者有之。〈游俠傳〉即載，景、武之時「外戚大臣魏其、武安之屬競逐於京師，布衣游俠劇孟、郭解之徒馳騖於閭閻，權行州域，力折公侯。眾庶榮其名跡，覬而慕之。雖其陷於行辟，自與殺身成名，若季路、仇牧，死而不悔也」。這些豪桀迷或游俠迷，甚至不容許他人批評他們所崇拜之人，如軹地某儒生批評郭解，結果被郭解之客所殺。

豪桀與其仰慕者、交接者及被保護者之互動擴張，於是打亂了社會秩序，破壞了刑法追訟的效力，影響了犯罪者之心理，終而提升了刑案的犯率。而這也是班固對游俠沒有好感的最主要原因，其餘所謂班固不喜游俠乃社會變遷云云，實乃表象之論，而非深思之言。

以上四點，乃班固就「法司」的一方，亦即庶民百姓何以犯法及因此而提升之犯罪率立論。除此之外，班固也就「司法」的一方提出看法（這是第五點）。他說：

> 孔子曰：「古之知法者能省刑，本也；今之知法者不失有罪，末矣。」又曰：「今之聽獄者，求所以殺之；古之聽獄者，求所以生之。」（古者）與其殺不辜，寧失有罪。今之獄吏，上下相驅，以刻爲明，深者獲功名，平者多後患。諺曰：「鬻棺者欲歲之疫。」非憎人欲殺之，利在於人死也。今治獄吏欲陷害人，亦猶此矣。凡此五疾，獄刑所以尤多者也。

班固批判司法的人本末倒置，不知自己的天職，但求有功無過，寧可造成冤獄，也不讓自己的利益受到絲毫的傷害。甚者，故意重判致死，亡者無從喊

冤，來個死無對證。一些官吏連這樣的事都做得出來，更別提曾子所謂「上失其道，民散久矣。如得其情，則哀矜而勿喜」了。百姓在有司爭相「刻明」的表現下，自然入罪者多，而犯罪率也就居高不下了。

近代犯罪學理論，有三大不同的取向。一為生物學取向，這是從身體外觀、體型、遺傳、內分泌、染色體異常乃至腦組織傷害來解釋犯罪發生之原因。二為心理學取向，這是從心理分析及心理病態人格來解釋犯罪發生之原因。三為社會學取向，這是從社會環境、社會結構及社會變遷等來解釋犯罪行為之發生。無疑的班固對犯罪行為的解釋有社會學的取向，當然，當時尚未有研究犯罪學之機制（機構、學者、學說），而班固能從社會學的觀點，分析刑獄增加的原因，亦可見其見解之不凡。

四、終極觀點

班固雖主張「鞭朴不可弛於家，刑罰不可廢於國」，也主張恢復肉刑及加強刑罰的追訟力量，萬里追兇無盡期。但一切作為之最終的目的，仍在刑期省刑（乃至無刑）的。他讚成老子所謂「墮落的時代，才稱說道德」（上德不德，是以有德；下德不失德，是以無德），他也認為人類社會，至少是班固當時的社會已經墮落了。但他仍宣稱「法令者治之具，而非清濁之源」，也同意「法令滋章，盜賊多有」，而清濁的源頭則在刑期無刑的德治。所以他在〈刑法志〉及〈酷吏傳〉兩次提及孔子的話：

> 導之以政，齊之以刑，民免而無恥；導之以德，齊之以禮，有恥且格。

他主張孔子所說的「聽訟吾猶人也，必也使無訟乎！」他從「漢興，破觚而為圜，斲彫而為樸，號為罔漏吞舟之魚。而吏治烝烝，不至於姦，黎民艾安」，發現治道之根本確實在德不在刑。所以他對酷吏多所批評，〈敘傳〉稱：

> 上替下陵，姦軌不勝，猛政橫作，刑罰用興。曾是強圉，掊克為雄，報虐以威，映亦凶終。述〈酷吏傳〉第六十。

《漢書》不傳列女，但班固特別提及杜延年之母，數責延年「備郡守，不聞仁愛教化，乘刑法多殺人以立威，豈為民父母之意」？又於〈雋不疑傳〉載：

> （雋不疑）每行縣錄囚徒還，其母輒問不疑：「有所平反，活幾何人？」即不疑多有所平反，母喜笑，為飲食語言異於他時；或無所出，母怒，為之不食。故不疑為吏嚴而不殘。

他如〈于定國傳〉載于定國之父，治獄多陰德，其子孫終有興者；〈元后傳〉載后父王翁孺為武帝繡衣御史，多所寬縱，所活萬餘人，其後終有興者；〈丙吉傳〉載丙吉閉拒奉詔使者濫殺，開悟武帝，更有「恩及四海」之嘆。凡此皆見班固對人命刑獄之終極關懷。

他也知道，不存在沒有犯罪之世代，所以刑法絕對有其必要，而如果「刑可畏而禁易避，吏不專殺，法無二門，輕重當罪，民命得全」那麼「成康刑錯，雖未可至致，孝文斷獄，庶幾可及」。最後他更以無比誠懇與感性的語氣提出呼籲：

> 《詩》云：「宜民宜人，受祿於天」。《書》曰：「立功立事，可以永年」。言為政而宜於民者，功成事立，則受天祿而永年命，所謂「一人有慶，萬民賴之」者也。

他希望上位者能一切站在人民的立場思考行事，體恤天下蒼生民命，而顯見班固人道終極關懷的一面。又從班固所錄有關減刑、輕刑、大赦等詔書，可見他也知道，漢代的刑法改革是由上而下的。所有刑法上的缺失，大抵皆由君王主動提出改革之要求，但臣下不很擁護，對此班固頗為光火，而將強烈的不滿，寄寓於史筆。對於君王，他發現濫刑株連是不道的行為，而亦深致譏評（這當與光武、明帝之「察察」有關）。而在無可奈何的專制體制下，他只有衷心的希望在上位者，能詳審刑獄，給百姓帶來「正義」的幸福。而其對生命最深層的熱愛與關懷，也在這裡作了無遮的展現。

以上論析班固的刑法思想，至其刑法思想於歷史中之地位，猶未觸及，茲舉近代刑法學鼻祖參較之。1738 年生於義大利的貝加利亞（Cesare Beccaria），早歲讀的是數學與經濟，後來轉攻刑法學。二十六歲那年，他寫了一本《犯罪與刑罰》，此一論著傳至巴黎之後，造成了轟動，隨後即陸續被譯為二十二國語文，直到 1794 年，貝氏過世，他只有這本書，但卻被公認為一部革新司法制度不朽的著作。貝加利亞主張何種行為構成犯罪，應科何刑，必須清楚地於法律中揭示明白，以防法官之擅斷，併收預防之效果。此種「刑罰法定化」的主張，就是現代刑法的基本原理——「罪刑法定原則」之基楚。他又從人道主義的立場，主張「罪刑均衡原則」，認為刑罰之科處，應以客觀上所發生之惡害輕重，為裁量之依據，以防止嚴刑峻法的苛虐。由於他完成了近代刑法理論之築基工作，故被尊為近代刑法學之鼻祖〔註37〕。而回首《漢

〔註37〕見同註34，頁 23～24。

書·刑法志》，不難發現二人在這方面的思想有許多相類之處。當然貝加利亞的理論較班固詳盡多了，但上層結構與思考則未必有多大的差別〔註38〕。雖然我國現今的刑法思想多來自西方，但如對中國法律史稍有研究，就知道其實我們也有寶貴的刑法思想遺產，只是在西方詳盡的論述下，失去了其應有的光輝而已。

第三節　班固經濟思想之哲學考察

歷史有時是瘋狂的，從王莽篡位到光武登基，短短的十餘年之間。除了戰爭的頻繁，戰事的慘烈，我們似乎也該把視線從漫天烽火、英雄立功成事中收回，看看流離於鐵蹄蹂躪煙塵洗禮中，底層百姓的生活。〈王莽傳〉載，地皇二年（21年）：

> 三輔盜賊麻起……民犯鑄錢，伍人相坐，沒入為官奴婢，其男子檻車，兒女子步，以鐵鎖琅當其頸，傳詣鍾官，以十萬數。到者易其夫婦，愁苦死者什六七。孫善、景尚、曹放等擊賊不能克，軍師放縱，百姓重困。

又載更始二年（24年）：

> （更始降）赤眉遂燒長安宮室市里，害更始，民饑餓相食，死者數十萬，長安為虛，城中無人行。

《東觀漢記》則言：

> 王莽末，米石萬錢，人相食。

《後漢書·馮異傳》稱：

> 時百姓饑餓，人相食，黃金一斤，易豆五升。

《後漢書·楊彪傳》亦稱：

> 昔關中遭王莽變亂，宮室焚蕩，民庶塗炭，百不一在。

又〈劉玄傳〉稱：

> 王莽末，南方饑饉，人庶群入野澤，掘鳧茈而食之。

又〈公孫述傳〉亦稱：

> 今山東饑饉，人庶相食。

〔註38〕參見韓忠謨《刑法原理》。而且班固除了刑法還涉及犯罪學及刑法史，且當時社會十分單純，刑法學又是涉及實務之學問，所以沒有產生完善理論之背景。

〈光武帝紀〉亦載，建武二年（26 年）：

> 關中饑，民相食。

這種兵荒饑饉的慘況，由於社會秩序的慢慢恢復，而漸漸改善，到了建武五年（29 年），雖然還有一些天災，但已見相當的成績。〈光武帝紀〉曰：

> 是歲（五年冬），野穀漸少，田畝益廣焉。

王莽以來的傷害，至是始得修復。但國家用度還是相當困乏，是以建武六年（30 年）「省并四百餘縣，吏職減損，十置其一」，這是一次大規模的行政區合併，而全國性的公務機關大裁員百分之九十，更是史所僅見。至此漢帝國的元氣始逐漸復甦，所以改什一之稅的田租為三十稅一。十二年（36 年）公孫述被殺，十三年（37 年）「兵革既息，天下少事，文書調役，務從簡寡，至乃十存一焉」。天下既歸一統，稍事喘息，光武十五年（39 年）遂下詔度田，「詔下州郡檢覈墾田頃畝及戶口年紀，又考實二千石長吏阿枉不平者」。十六年（40 年）「秋九月，河南尹張伋及諸郡守十餘人，坐度田不實，皆下獄死」。至此國家政治上既已一統，田地與人口數量又有了大略之統計，於是光武開始推行馬援等人之議，改用五銖錢，並且有相當之成效[註 39]。此後東漢帝國進入一個較佳之境況，一直到永平十八年（75 年）明帝駕崩止，國家皆無重大水旱之災。尤其明帝一朝，范曄許之為「吏稱其官，民安其業，遠進肅服，戶口滋殖焉」。但班固的〈食貨志〉對西京還是充滿感慨之辭者，主要有兩個因素。一個是社會的，一個是個人的。

首先，在社會方面，百姓固然有了較安定的生活，但也去本務末，漸趨奢華糜爛，王符就指出：

> 今舉俗舍本農，趨商賈，牛馬車輿，填塞道路，游手為巧，充盈都邑，務本者少，浮食者眾。……今察洛陽，資末業者什於農夫，虛偽游手什於末業。
>
> 今人奢衣服，侈飲食，事口舌而習調欺。或以謀姦合任為業，或以游博持掩為事。丁夫不扶犁鋤，而懷丸挾彈，攜手上山遨遊……或作泥車瓦狗諸戲弄之具，以巧詐小兒，此皆無益也。[註 40]

[註 39] 《後漢書・馬援傳》謂：「初，援在隴西上書，言宜如舊鑄五銖錢。事下三府，三府奏以為未可許，事遂寢。及援還，從公府求得前奏，難十餘條，乃隨牒解釋，更具表言。從之，天下賴其便。」

[註 40] 見《後漢書・王符傳》引《潛夫論・浮侈篇》。王符約與馬融同時，時代稍晚於班固。

班固也曾於〈兩都賦〉寄其諷喻：

> 聖上睹萬方之歡娛，久沐浴乎膏澤，懼其侈心之將萌，而殆於東也。
> 乃申舊章，下明詔，命有司，班憲度，昭節儉，示大素。去後宮之
> 麗飾，損乘輿之服御，除工商之淫業，興農桑之上務。

這一切都顯示，漢帝國由王莽末年及東漢初葉的殘破，轉變成爲相當富庶的
社會，但盛衰終始的轉關也逐漸顯露，「物盛而衰，固其變也」的陰影，又有
開始籠罩帝國之跡象，所以班固說明作〈食貨志〉的目的是「揚榷古今，監
世盈虛」。希望藉著歷史，特別是經濟史，以找出經濟興衰之軌跡與原因，進
而提出對策，以解決民生與財政上之問題。

其次，在個人方面，班固的先祖——班壹曾「以財雄邊，出入弋獵，旌
旗鼓吹」，何等風光？班壹之子班孺亦曾官至上谷太守，班固之曾祖班況更曾
做到左曹越騎校尉，女兒嫁予成帝爲倢伃，「致仕就第，貲累千金」。祖父班
稚亦嘗爲西河屬國都尉，遷廣平相。其父班彪，幼與從兄嗣共遊學，家有賜
書，內足於財，好古之士，至自遠方」。但由於外有王莽之亂，本身又甘「守
賤薄而無悶容」，所以家道就中落了。到班固之時，家裡已很貧窮，〈班超列
傳〉稱：「永平五年（62 年），兄固被召詣校書郎，超與母隨至洛陽，家貧，
常爲官庸書以供養」，長久勞苦，因有投筆從戎之嘆。班固生於官宦世家，家
貧如此，而當代洛陽子弟的生活又如彼奢華糜爛，他心中之感慨可想而知。
因此如何使貧富差距縮小？如何維持人民基本之生活？就成了班固注目的焦
點。進而言之，整個國家如何達到食足貨通，也成爲史家的一大課題了。而
表面上看來，班固將〈食貨志〉分成兩大部分，一是食，一是貨。但實際上
其中還牽涉土地政策、糧食政策、貨幣政策、生產、分配、商業機制（如平
準、均輸），租稅、經濟指標以及政治官僚等等，茲分述如下：

一、土地問題與解決之道

漢初經歷兵燹烽火，人命如螻蟻，百姓求生之不暇，對土地佔有欲望，
必然降低。及政權既定，時局漸穩，於是對土地之永久佔有，又有所需求了。
蕭何之廣置田產，雖是爲了釋劉邦之疑，但也顯見土地已爲人所重。下逮高
后、文、景之時，人民家給人足，土地問題不大。但到武帝之初，由於「網
疏民富，役財驕溢，或至兼併，豪黨之徒，以武斷於鄉曲」，於是土地集中、
兼併的現象逐漸產生。〈食貨志〉載董仲舒注意到這種情形所帶來的弊端，故
上書陳言。他說，「秦除井田，民得買賣」，結果「富者田連阡陌，貧者無立

錐之地」，「農民或耕豪右之田，見稅什五，故貧民常衣牛馬之衣、食狗彘之
食」，最後更在貪暴之吏的刑戮妄加下，轉爲盜賊，於是「赭衣半道，斷獄以
千萬數」。董仲舒數落完秦之弊政後，接著含蓄的說：「漢興循而未改。」故
而他也提出建議：

> 古井田法，雖難卒行，宜少近古，限民名田，以澹不足，塞兼併之
> 路。

但武帝不採其議，直到晚年，漢武才有悔過之舉。昭、宣二帝，勵精圖治，
狀況不見惡化，但元、成頹弱，土地兼併，財富集中的情形，有日趨嚴重的
傾向。所幸，沒有戰爭，人口既頗興盛，糧食亦無危機，所以哀帝時，師丹
僅就貧富懸殊說：「今累世承平，豪富吏民，貲數鉅萬，而貧弱愈困。」因此
他提出：「古之聖王，莫不設井田，然後治乃可平」以爲論據，而建議對土地
之擁有，「宜略爲限」。但因丁、傅、董賢的關係，最後也不了了之。

東漢初，土地也見集中的現象，而把持土帝最多的莫過於皇帝的親戚、
功臣、鄉曲、故舊，所謂「河南帝城多近臣，南陽帝鄉多近親」。如〈陰興傳〉
記載，興有田七百餘頃；〈光武十王傳〉載，濟南安王劉康，奴婢千四百人，
馬二千餘匹，私田八百頃；〈馬防傳〉亦載「防兄弟貴盛，奴婢各千人以上，
資產巨億，皆買京師膏腴美田。」由此可見京師土地集中之一斑。

有土地問題，即有土地政策。〈食貨志〉中，班固提到的土地政策有：公
私兼具的井田制、自由買賣的私有制〔註41〕、部分地區實施之代田制以及純
公有之王田制。四者之中，王莽時實施之王田制已然失敗，代田雖有成效，
但在大部分土地私有之情形下，僅於河東、弘農、三輔、及邊城實施。至於
井田，不但接近董仲舒、師丹的建議，也是他心目中的理想，所以〈敘傳〉
說「厥初生民，食貨爲先，割制廬井，定爾土田，什一供貢，下富上尊」。他
指出「理民之道，地著爲本」，土地分配得當，則「力役生產可得而平」，「割
制廬井」除了土地分配公平、生產公平、力役公平之外〔註42〕，連納稅也公
平，下民負擔不重，上位者也得到人民之尊敬。因爲井田制中還有其附加價
值與配套措施，是即可以「出入相友，守望相助，疾病相救，民用和睦」，男
耕女織，「同巧拙而合習俗」，這是先王「制土處民」之大略。百姓既富，進

〔註41〕見本志董仲舒之奏：「秦……用商鞅之法，除井田，民得買賣……漢興，循而
未改」。

〔註42〕當然這只是表面之公平，因爲土地有肥瘠，地勢有高低，地形有方整與畸零，
去水源有遠近，離家有遐邇……。

而教之，先有鄰、里、族、黨、州、鄉之制，而後「里有庠，鄉有序」，八歲入小學，始「知室家長幼之節」，繼「學朝廷君臣之禮」，能有秀益異者，學于大學，最後培養成一文武合一之人才，爲國家效命，並可獲頒爵命（獲頒爵命對班固言，是無上之榮寵）。而土地私有制，民得買賣，容易造成兼併，所謂「富者田連阡陌，貧者無立錐之地」，秦帝國就出現這種情形過。然而，畢竟井田去漢久遠，東漢初之土地私有制亦可創造出輝皇之光武、明、章之治，所以班固對於西漢所行的土地制度，並沒有強烈的批評，有的只是對財富集中的不滿與對井田欣然的介紹。

二、糧食問題與解決之道

在班固的理想中，「足食」是一個很重要的觀念。農業社會，民年二十受田，六十歸田，這是可以力田工作者安身立命之所繫。而「七十以上，上所養也；十歲以下，上所長也；十一以上，上所強也」，這是「老有所終，幼有所長」的美好願景；「雞豚狗彘毋失其時，女修蠶織，則五十可以衣帛，七十者可以食肉」，再加上「節用愛人，使民以時」，那百姓當眞就可以安其居而樂其業了。再進一步，「三考黜陟，餘三年食，進業曰登；再登曰平，餘六年食；三登曰泰平，二十七歲，遺九年食。然後至德流洽，禮樂成焉」，班固以爲王者的「必世而後仁」，就是「繇此道也」。所以他稱美文帝說：「嗚呼！仁哉！」除了刑法上的減省，幾至刑措，以及輕繇薄賦之外，最主要的就是百姓豐衣足食。當然，此二者皆非一蹴可幾，包愼言說：

> 案依志言，必世後仁，蓋謂養而後教。食者民之本。饑寒並至，雖堯舜在上，不能使無寇盜；貧富兼并，雖皋陶制法，不至使彊不凌弱。故王者初起，必先制田里，教樹蓄，使民家給人足，然後以禮義化導之。言必世者，量民力之所能，不迫切之也。〔註43〕

至於積九年之食，是否還可以吃，實在大成問題。蓋如武帝建元年間（前140～145年），太倉之粟陳陳相因，已紅腐而不可食。故九年之積言其量，不言其久。然果至其量，亦當食九年始罄，則亦腐朽矣。

不過理想歸理想，現實上卻常不然。自從土地私有制開始以來，一則「庶人之富者累鉅萬，而貧者食糟糠」，二則如果發動大規模之繇役與戰爭，丁壯都上了戰場，田地便無人耕種，飢荒即所不免。〈食貨志〉稱：

〔註43〕包愼言《溫故錄》言。見劉寶楠，《論語正義》，〈子路〉第十三，〈如有王者〉章正義引。

> 漢興，接秦之敝，諸侯並起，民失作業，而大飢饉。凡米石五千，
> 人相食，死者過半。高祖乃命民得賣子，就食蜀漢。

戰後的情況悲慘如此，所以高帝約法省禁，輕租薄稅，經孝惠、呂后、孝文、景帝四朝之休養生息，漢帝國不但恢復了元氣，國家也益形富強，到了「盛極」的地步。但自從武帝外事四夷，內興功利後，「役費並興，而民去本」，不數十年，「功費愈甚，天下虛耗，人復相食」。一直到武帝末年，才悔征伐之事，而頗致力於農事。「至昭帝時，流民稍還，田野益闢，頗有積蓄」。「宣帝即位，用吏多選賢良，百姓安土，歲數豐穰，穀至石五錢，農人少利」。不過，這也產生了問題。穀貴傷民，這是常有之事，但如今卻出現穀賤傷農的情形。當時有耿壽昌其人，建議在邊郡皆築倉，叫「常平倉」，「以穀賤時增其價而糴，以利農，穀貴時減價而糶，以利民」。實行的結果，民以為便。「元帝時，天下大水，關東郡十一尤甚。二年（前 47 年），齊地飢，穀石三百餘，民多餓死，瑯琊郡人相食」。此時卻發生百姓建議廢除「常平倉」之事，而元帝也順應民意廢除了。其中原因，可能是執行上之偏差。「成帝時，天下無兵革之事，號為安樂，然俗奢侈，以畜聚為意。」結果永始二年（前 15 年）時，「梁國、平原郡比年水災，人相食」。不過這只是漢帝國局部的情形。哀帝時，累世承平，「田宅奴婢價為減賤」，「宮室苑囿府庫之藏已侈」，故「百姓訾富雖不及文景，然天下戶口最盛」。王莽居攝時，「因漢承平之業」，「府庫百官之富，天下晏然」。但王莽「狹小漢家制度，以為疏闊」，於是興討匈奴，更改田制，刻深刑罰，數橫賦斂，又常苦枯旱，故「穀價翔貴」。末年，盜賊群起，百姓流離，人復相食，終至滅亡。

糧食問題既所在皆有，如何解決即成一大問題，班固於〈食貨志〉的贊說：

> 《易》稱「裒多益寡，稱物平施」，《書》云「楙遷有無」，周有泉府
> 之官，而《孟子》亦非「狗彘食人食不知斂，野有餓莩而弗知發」。
> 故管氏之輕重，李悝之平糴，弘羊均輸，壽昌常平，亦有從徠。顧
> 古為之有數，吏良而令行，故民賴其利，萬國作乂。

深耕力作，以農為本，畢竟只是第一層的問題。遇到時難年荒，一味力田未必就能解決糧食的問題。班固認為要解決糧食問題，除了生產，最重要的還應對糧食之多寡盈缺加以調節，適時做合理之分配。他以《易、書》及《孟子》作為最高之理論依據。說明要分多益少，互通有無：豐歲穀賤，粒米有

狼戾之患，則官府有司應加收購存儲，一則以防穀賤傷農，二則可備凶年之供給；凶歲欠收，穀貴物騰，民有餓死之患，則官府有司，應散發樂歲收購之米糧，平價糶之於民，以濟元元。不只糧食穀粟如此，鹽鐵百貨亦當如是。所以他除了提到壽昌之常平，也論及弘羊之均輸。但什麼是合理的收購及蔥售市價、如何使商人不趁機砍殺及哄抬物價、是否有努力執行裒多益寡之原則、何時出手、出手輕重，如何避免與民爭利以留商人的生存空間等操作技術，皆有待官府有司的靈活手腕與操守。而這一切皆以是否「利民」、「便民」為判準。否則或「諸官各自市相爭，物以故騰躍」，或官商勾結，互通聲氣，操控物價，交相圖利，百姓就只有更加的困苦了。

班固一向注重制度，而於贊文特別提到「顧古為之有數，吏良而令行，民賴其便，萬國作乂」，則可見他對於當世用心之深，與期盼之殷。也因此孝武時之「國用饒給，而民不益賦」，在班固看來，只是「其次也」。畢竟桑弘羊之均輸政策，在漢昭帝時，來自民間的賢良文學，已「皆」表示「願罷鹽鐵酒均輸官，毋與天下爭利」，足見有司在某些地方過度參與市場機制，喧賓奪主，導致百姓之不滿。當然，其中也有霍光藉賢良文學對抗桑弘羊的意思，不過，桑弘羊請求「令民得入粟補吏，及罪以贖」，而非純從「裒多益寡，楙遷有無」之原則，以饒國富民，恐怕也是班固不滿的原因。

三、貨幣問題與解決之道

〈食貨志〉云：「凡貨，金錢布帛之用」。又說：「貨謂布帛可衣，及金刀龜貝，所以分財布利，通有無者也。」這兩句話是通古而言之，蓋班固認為上古交易，布帛與錢一樣，可以流通，或就是錢之一種。《後漢書‧光武紀》云：「王莽亂後，貨幣雜布帛金粟」，是布帛、黃金、穀物三者曾被等同貨幣一樣流通使用於漢代社會過，但基本上漢代還是以錢幣為主。雖然漢代所有的經濟行為未必都是透過貨幣來表現，但大體上，貨幣已得到普遍的應用。一種通過貨幣的交換的經濟體制已然形成。換言之漢代的貨幣經濟已有相當程度的發展。

一般而言，貨幣可作為交易的媒介（Medium of exchange）及價值之標準（Standard of value）。這也是貨幣的基本功能〔註44〕。班固的這兩句話，雖未

〔註44〕此外還有「價值的貯藏」、「價值的移轉」及「延期支付的標準」等附加功能。見林金源、林俊碩編著，《貨幣銀行學》，第一章〈貨幣的基本概念〉（臺北：三民書局，民國 81 年 4 月），頁 18～20。

能全面表達這方面的意思，但基本已將貨幣視爲一種交換的手段或交換的媒介。且先漢已來，貨幣已有其內在的效用價值，也就是貨幣的幣值，相當或等於貨幣本身的效用價值。不像金、元時期的楮幣或今日的支票、本票，如果沒有法律加以規範或保障，則不過廢紙一張。班固指出周景王時患錢輕，準備要鑄大錢，單穆公進諫反對，但周景王不聽，還是鑄了大錢，「文曰寶貨，肉好皆有周郭」〔註 45〕，結果是百姓蒙其利。秦兼天下，幣爲二等，一種是黃金，這是上等貨幣，一種是銅錢，「質如周錢」，文曰「半兩」，重如其文，其他珠玉龜貝銀錫等不算貨幣，價格也不一定。而基本上景王之後的周、秦二朝所施行之貨幣沒有多大問題。班固對秦所用之錢的「質如周錢」及「文重相當」也無所批評，對周幣之肉好特別注意，說明了他對幣「質」與幣「值」之「對當」，抱持著贊同的態度。但漢朝打壞這個慣例。〈食貨志〉指出：

> 漢興，以爲秦錢重難用，更令民鑄莢錢。黃金一斤（萬錢）。而不軌
> 逐利之民畜積餘贏以稽市物，痛騰躍，米石至萬錢，馬至匹百金。

這是因爲莢錢輕〔註 46〕，較沒有價值（質值不相當），加以有人屯積居奇，故物價上漲，貨幣貶值，高后二年（前 186 年）乃復行「八銖錢」，實際上就是「質如周錢，重如其文」的秦錢〔註 47〕。但不知是否是銅原料缺乏或他種原因，高后六年（前 182 年）又行「五分錢」，也就是莢錢〔註 48〕。〈食貨志〉又指出，「孝文五年（前 175 年），爲錢益多而輕，乃更鑄四銖錢，其文曰『半兩』，除盜鑄錢令，使民放鑄」。不過賈誼反對，他上書諫諍，略以：

　（一）法律規定百姓可以私鑄錢，但不得偷工減料及雜以鉛鐵及爲它
　　　　巧，否則黥刑侍候。但是如果不淆雜爲巧，則無利潤，反之則爲
　　　　利甚厚。所以「雖黥刑時報，而其勢不止」。

　（二）百姓用錢，郡縣不同，或用輕錢，百加若干；或用重錢，平稱不

〔註45〕陳直云：「肉謂質，好謂孔，周郭謂邊道也」。意思是錢的外緣與內方孔之邊緣，都有作特殊之處理，如此仿冒不易。見《漢書新證》，〈食貨志第四下〉。

〔註46〕陳直云：「西漢初期，漢廷只有直轄十五郡，其餘皆分封諸王。十五郡之中，僅蜀郡嚴道是產銅地區。考西漢產銅最豐富者，主要在丹陽郡，屬於吳王濞範圍。疑漢廷因銅料缺乏而鑄莢錢，不得已託辭因秦錢太重而改鑄也。現莢錢最大者，直徑 1.2 公分，最小者 0.8 公分，可能有私鑄者夾雜其中。莢錢銅範，亦與出土最大者之錢，輪廓相符」。見同前註。

〔註47〕見〈高后紀〉及師古引應劭曰。

〔註48〕見同註47。但雖行五分錢，並不代表廢行八銖錢。

受。法定錢幣不行，則市肆異用，自然錢文大亂。

（三）農事因此而荒廢，愿謹庶民亦易陷於刑戮。

（四）如果禁鑄錢，則錢必重，重則利深，一樣將「盜鑄如雲而起」。

總之，這一切都是銅惹的禍。所以「銅布於天下，其爲禍博矣」。於是賈誼提出了具體的對策，他說：

> 今博禍可除，七福可致也。何謂七福？上收銅勿令布，則民不鑄錢，黔罪不積一矣。僞錢不蕃，民不相疑，二矣。采銅鑄作者反於耕田，三矣。銅畢歸於上，上挾銅積以御輕重，錢輕則以術斂之，錢重則以術散之。貨物必平，四矣……。

但文帝不聽，仍放任百姓鑄錢。因此班固帶著因果關係的說明，記載著：

> 是時，吳以諸侯即山鑄錢，富埒天子，後卒叛逆。

這說明班固了解，沒有對當之價值物，而大量的鑄錢，「姦錢日多，五穀不爲多」，結果是錢愈不值，而要用更多的錢，才能買同樣的東西。而貨幣貶值，卻放任諸侯、百姓鑄錢，這簡直就是飲鴆止渴的行爲。因此他詳錄了賈生的上疏，而其反對大量發行通貨與放任諸侯、民眾鑄錢的意思，也就皭然可知了。

此後由於帝武之用事四夷，大起邊釁，「兵連而不解，天下共其勞，干戈日滋，行者齎，居者送，中外騷擾」，「財賂衰耗而不澹（贍）」，又置滄海，通西南夷道，築朔方，「費數十百鉅萬，府庫空虛」，「斬捕首虜之士受賜黃金二十萬斤」，又賞匈奴降者賜及有功之士，「費凡百餘鉅萬」，塞河亦「費不可勝計」，又欲省漕漑田而開渠，「費亦個以鉅萬數十」，山東被水災，徙民七十萬口實秦中，相關支出「費以億計，縣官大空」。於是天子與公卿議「更造錢以澹用，而摧浮淫兼并之徒」。

案文帝除盜鑄錢令，賈山亦上書諫，其後才又禁盜鑄〔註49〕，景帝中六年（前144年）還「定鑄錢僞黃金棄市律」〔註50〕。民既不復盜鑄，加以文景之恭儉，故「號稱」半兩的四銖錢還能行之久遠〔註51〕，從孝文五年（前175年）至元狩四年（前119年），四十餘年之間除建元元年（前140年）至五年（前136年）行三銖錢外，餘均行四銖錢。但因建元之後，官方無限制

〔註49〕見《漢書·賈山傳》。
〔註50〕見《漢書·景帝紀》。
〔註51〕半兩應是八銖。所以〈食貨志〉說：「今半兩錢，法重四銖」。

發行貨幣，民間也盜鑄不可勝數，結果自然是貨幣貶值，通貨膨脹。所以〈食貨志〉指出：

> 自孝文（五年）更造四銖錢，至是歲（元狩四年）四十餘年。從建元以來，用少，縣官往往即多銅山而鑄錢，民亦盜鑄，不可勝數。錢益多而輕，物益少而貴。

武帝爲此採行三個措施，一是「爲皮幣，直四十萬，王侯宗室朝覲聘享，必以皮幣薦璧，然後得行」。二是造白金三品，價值三千、五百及三百。三是銷半兩錢，更鑄三銖錢，重如其文。前二者，流通對象有限，徒亂幣制而已，後者雖文值相當，但在通膨的無限發行下，錢還是貶值，百姓也只好跟進無限制的盜鑄。雖然「盜鑄諸金錢罪皆死，而吏民之犯者不可勝數」。因此第二年「有司言三銖錢輕，易作姦詐，乃更請郡國鑄五銖，周郭其質，令不得磨取鉛」。

五銖錢，雖「周郭其質」，「不得磨取鉛」，但開放郡國鑄錢，以地利之便，還是「民多姦鑄」，於是：

> 悉禁郡國毋鑄錢，專令上林三官鑄。錢既多，而令天下非三官錢不得行，諸郡國前所鑄錢皆廢銷之，輸入其銅三官。而民之鑄錢益少，計其費不能相當，唯真工大姦乃盜爲之。

這一套，完完全全就是賈誼諫書政策的落實。班固指出，其後宣、元、成、哀、平五世，無所改變，國家從「孝武元狩五年（前118年），至平帝元始（一至五年）中，成錢二百八十億萬餘」。而王莽時代，務慕從古，結果幣制數劇變而大壞，「百姓憒亂，其貨不行」，「民用破業，而大陷刑」，「郡國檻車鐵鎖，傳送長安鍾官，愁苦死者什六七」。直到「世祖受命，盪滌煩苛，復五銖錢。」而五銖錢復行之後，民利其便，故班固〈敘傳〉說：

> 商以足用，茂遷有無，貨自龜貝，至此五銖，揚榷古今，監世盈虛，述〈食貨志〉第四。

此後，至東漢末年，漢靈帝中平三年（186年）時才別有「四出文錢」〔註52〕，獻帝初平元年（190年），董卓始壞五銖錢，更鑄小錢〔註53〕，可見五銖錢之穩定利民。

班固雖未明指，應如何改革幣制，但世之盈虛與貨幣變動之關連既係如

〔註52〕見《後漢書·孝靈帝紀及宦者傳》。
〔註53〕見《後漢書·董卓傳》。

此，則吾人不難作如是之推斷。首先，班固曾指出：

> 商賈以幣之變，多積貨逐利。

幣值變動，新舊交替之際，民心狐疑。商人常囤積貨物，一則趁機海撈一票，一則觀望情勢，故少流通其貨，結果造成物價飛漲。班固既知其病灶所在，自然反對幣制數改。其次班固指出：

> 錢益多而輕。

這是說錢幣大量發行的結果，錢幣就貶值了。案供需原理在一般物品絕無疑義，也就是在「需求者」與「需求量」不變時，供給之物減少，則物價升高；反之供給增加，則物價下跌。同樣地，此一原理也適用於錢幣之本身。當貨幣之供應量大於社會財貨或勞務之生產量，則物價將持續上漲，反之則物價下跌，此原理十分易明。而班固的說明，顯示他除了希望不要經常變動幣值之外，也反對無限量發行錢幣，以使貨、幣維持一定的等值關係，並以方便流通為原則。而這多少也掌握了當時幣制的癥結與對策。

四、農商矛盾與解決之道

〈食貨志〉稱：「食足貨通，然後國實民富，而教化成」。又說：「聖王域民」，「開市肆以通之」，「士農工商，四民有業，學以居位曰士，闢土殖穀曰農，作巧成器曰工，通財鬻貨曰商，聖王量能授事，四民陳力受職，故朝無廢官，邑無敖民，地無曠土」。可見班固亦肯定商賈之地位，也知道貨物之流通，有賴商賈之轉輸逐利。所以基本上不可謂班固有反商之傾向。但商人有三點，讓班固十分不滿。其一是「公平」問題，這大抵表現在「勞力」與「享受」上；二是貧富差距問題，這大抵表現在生存與生計上；三是「職業」問題，這大體表現在人力失衡上。就第一點言，蓋所謂「四民陳力受職」，就是每一個人都必須付出勞力，以賺取自己的衣食。尤其是農夫：

> 春耕夏耘，秋收冬藏，伐薪樵，治官府，給繇役；春不得避風塵，夏不得避暑熱，秋不得避陰雨，冬不得避寒凍，四時之間無日休息……勤苦如此，尚復被水旱之災，急政暴賦，賦斂不時，朝令而暮改。當具有者半賈而賣，亡者取倍稱之息，於是有賣田宅鬻子孫以償責者矣。

百姓哀哀劬勞如此，但商賈之情形恰好相反：

> 商賈大者積貯倍息，小者坐列販賣，操其奇贏，日游都市，乘上之急，所賣必倍。故其男不耕耘，女不蠶織，衣必文采，食必粱肉；

　　亡農夫之苦，有仟伯之得。因其富厚，交通王侯，力過吏勢，以利
　　相傾；千里游敖，冠蓋相望，乘堅策肥，履絲曳縞。此商人所以兼
　　并農人，農人所以流亡也。

辛勞終日、終年，乃至終身的，不得溫飽，甚至逼於生活，賣子賣孫；而不
耕不織的，穿金戴銀，吃香喝辣，乘堅策肥。勞逸不均不說，還享受不等。
這種不公平的現象，怎不叫知識份子及史家憂心？

　　就第二個問題言，農民辛苦倒也罷了，一但遇水旱之災欠收，政府法令
又常更改，催征急於星火，農民就只好賤賣收成，造成二度傷害。商人趁機
落井下石一番，即使貸於百姓，也是超級高利貸。這些商人及持錢者——錢
莊，背後又有惡勢力支持〔註54〕，農民不敢不還。惡性循環的結果，「於是有
賣田宅，鬻子孫以償債者」，要不就逃債，成了所謂的流民了。這就是商賈對
農人的剝削以及對農人的兼并。農人土地日少，商賈土地日多。甚至地方之
封君，到了緊及關頭，也要仰他的鼻息，高興借就借，不高興就不借。列侯
封君的利息，他也照收不誤，而且一年的利息是十倍〔註55〕。是知董仲舒所
言「邑有人君之尊，里有公侯之富」，絕非虛語。而封君列侯，猶被勒索如此，
一般農民就可想而知了。哀帝時，師丹猶有「今累世承平，豪富吏民貲數鉅
萬，而貧弱愈困」之言。班固校書於蘭台之時，其弟為人傭耕，對這種情行
當有深度之體會。

　　就第三個問題言，商賈既然討生容易，於是有辦法的人紛紛加入商賈的
行列，於是「民不齊出南畝，商賈滋眾」。貢禹亦稱：

　　民棄本逐末，耕者不能半，貧民雖賜之田，猶賤賣以賈。

另一方面自文帝接受晁錯的建議，「募天下粟入縣官，得以拜爵」之後，一些
商人就有了爵位，但尚不理民。景帝時，入粟可以除罪，但基本上也是權宜
措施〔註56〕，所以沒有多大問題，甚至國用以富，「民遂樂業」。但到了漢武
帝之時，情況大變。由於干戈日興，「百姓抏敝以巧法，財賂衰耗而不澹」。

〔註54〕如〈貨殖傳〉載，成都羅裒「爲平陵石氏持錢」，「往來巴蜀，數年間致千餘
　　　萬。裒舉其半賂遺曲陽、定陵侯，依其權力，賒貸郡國，人莫敢負」。

〔註55〕如〈食貨志〉載，吳楚兵之起，長安中列侯封君行從軍旅，齎貸子錢家，子
　　　錢家以爲關東成敗未決，莫肯子。唯無鹽氏出捐千金貸，其息十之……一歲
　　　之中，則母鹽氏息十倍。

〔註56〕景帝仍然「屢敕有司以農爲務」，雖曾一度恢復賣爵令，但也顯示賣爵乃非常
　　　之道。

於是「入物者補官，出貨者除罪，選舉陵夷，廉恥相冒，武力進用，法嚴令具，興利之臣自此始」。其後又「募民能入奴婢得以復終身，爲郎增秩，及入羊爲郎」再加上以軍功爲官的，於是「吏道雜而多端」，「官職耗廢」。其後復以鹽鐵官賣之故，乃「除故鹽鐵家富者爲吏，吏益多賈人」。其後又以行均輸，「令吏得入粟補官，郎至六百石」。「入財者得補郎，郎選衰矣」。在大半的人都跑去從商，從商的又交通侯王，兼有官爵，貧富差距既大，社會地位也益行懸殊。而班固「二世才術，位不過郎」，他自然對商人有些不滿了。

由以上之分析，西漢帝國存在的經濟問題，包含了土地、糧食，貨幣此三者糾結於所得之分配。針對此問題，班固提出了正本清源答案。他說：

> 財者，帝王所以聚人守位，養成群生，奉順天德，治國安民之本也。
> 故曰：「不患寡而患不均，不患貧而患不安；蓋均無貧，和亡寡，安亡傾」。

〈敘傳〉也說：

> 四民食力，罔有兼業，大不淫侈，細不匱乏，蓋均無貧，遵王之法。

案「不患寡」，寡當作「貧」；「不患貧」，貧當作「寡」，義始相貫〔註57〕。孔子之意在於，爲政者無庸擔心國家百姓的財物、財產、財貨少，而應注意貧富懸殊之問題；不用怕人口稀少，應關心上下是否協諧。班固引孔子之語，則尤在意貧富差距問題。當然孔子雖講「均」，但對士大夫應有的階級身分表徵則不敢輕忽，因爲那是一種禮的表現。故當顏淵死時，顏路請求孔子賣車以葬顏淵，但孔子拒絕了他，孔子的理由是，「以吾從大夫之後，不可徒行也」。而班固除了「裒多益寡」，「楙遷有無」的解決之道外，也從生產與消費、享受的觀點對富人作了批判，也與孔子相應。〈敘傳〉說：

> 靡法靡度，民肆其詐，偪上并下，荒殖其貨。侯服玉食，敗俗傷化。

生產方面，班固主張，士農工商，四民各食其力，但要專一其業，不要撈過界，規規矩矩營生，自然可以「各任智力」，自由發展。他也贊成追求財富，讓窮人翻身，他於〈貨殖傳〉引諺語曰：「以貧求富，農不如工，工不如商，刺繡文不如依市門」，並解釋說「此言末業，貧者之資也」。但班固不贊成兼業淫侈的行爲。他在傳述貨殖諸子之後，說：

> 此其章章尤著者也。其餘郡國富民兼業顈利，以貨賂自行，取重於

〔註57〕說見楊樹達，《論語疏證》，〈卷十六季氏〉。俞曲園《古書疑義舉例》亦謂寡、貧二字應對調。

> 鄉里者不可勝數。故秦楊以田農而甲一州,翁伯以販脂而傾縣邑,
> 張氏以賣醬而隃侈,質氏以酒削而鼎食,濁氏以胃脯而連騎,張里
> 以馬醫而擊鐘,皆越法矣。

不過秦楊、翁伯、張氏、質氏、濁氏、張里諸人雖然不該兼業淫侈,逾越常軌,但還算「循守事業」,猶在班氏容忍範圍。班固所厭惡的是,用不正當的手段取得暴利。所謂不正當,在班固有兩種意思。其一是霸有山川河海之特產或利益,如卓文君之父的「即鐵山鼓鑄」;宛孔氏「大鼓鑄,規陂田」;齊刀閒之專擅魚鹽之利。這些人在班固眼中是「公擅山川銅鐵魚鹽市井之入,運其籌策,上爭王者之利,下錮其民之業」,故為固所不許。至於「掘冢搏掩,犯姦成富」者流,則更不用說了。孔子所言君子九思中的一思是「見得思義」,又說「不義而富且貴,於我如浮雲」,班固亦主「貴義而賤利」,但孔、班均非單純的賤利,孔子曾云:「富貴如可求,雖執鞭之士吾亦為之」,但富貴「求之有道」,卻「得之有命」,所以他轉而追求「求則得之」的德性修養。這也是他所以「賢顏淵而譏子貢」的原因〔註58〕。班固亦是在義利之「辨」中或義利之「較」中才賤利的,如果是合義之利,則斷無不追求之理。

不過消費、享受方面,班固的看法則顯得拘泥而保守。他在〈貨殖傳〉序劈頭就說:

> 昔先王之制,自天子公卿大夫士至于皂隸抱關擊柝者,其爵祿貴。奉
> 養宮室車服棺槨祭祀死生之制各有差品,小不得僭大,賤不得踰夫
> 然,故上下序而民志定。

這是從階級出發的觀點,一切以既定的社會秩序為依歸,而帶有濃厚的理想色彩。故他同意《左傳》譏諸侯「刻丹楹」,刺大夫「山櫛藻」以及夫子之評「八佾舞於庭」,認為那是周衰禮墮之行。他甚至提到管子所主張的:「古者四民不得雜處」,「是以欲寡而事節,財足而不爭」,並相信「此三代所以直道而行,不嚴而治之大略也。」這不免有些愚民的觀念在作祟,也是班固對社會觀點矯枉過正的地方。

他抨擊由於階級及制度之僭越崩解,加以人性之嗜欲不制,所以造成一個追求時尚與浮華的社會。那種情形就是〈貨殖傳〉所述:

> 商通難得之貨,工作亡用之器,士設反道之行,以追時好而取世資。

〔註58〕《倫語‧先進》載,子曰:「回也,其庶乎,屢空。賜不受命而貨殖焉,意則
　　　　屢中。」

> 僞民背實而要名，姦夫犯害而求利，篡弒取國者爲王公，圉奪成家
> 者爲雄桀。

虛浮的社會唯利是圖，唯力是從，墮落與惡化的結果，造成一個極端不穩定、不公平之社會：

> 富者木土被文錦，犬馬餘肉粟，而貧者短褐不完，含菽飲水。其爲
> 編戶齊民，同列而以財力相君，雖爲虜僕，猶亡慍色。故夫飾變詐
> 爲姦軌者，自足乎一世之間；守道循理者，不免於饑寒之患。

班固藉者社會不復遵守階級應有之品差，所導至的嚴重後果，在〈貨殖傳〉列其行事，以傳世變，雖未提出具體明確的改革之道，但由其所示之世變之中，我們看到了班固的示戒之意。但要將西周那一套階級森嚴的禮制，落實於現實之東漢乃至千秋萬世後的社會，那是萬萬不可行的。於此亦見班固思想僵化的一面，而當章帝「問以改定禮制之」宜，固不於是時陳言先王之制，慨然應許，肩負起改革之重任，但說「京師諸儒，多能說禮，宜廣招集，共議得失」﹝註 59﹞，故其理想亦不過「書生之見」而已，那麼，他的痛貶巨商大賈「錦衣玉食，敗俗傷化」，又有何用！

﹝註 59﹞見《後漢書‧曹襃傳》。

第八章 《漢書》之藝文思想與美之展示

　　一般而言，純文學與應用文學之界線是相當分明的，前者以藝術美感為主要訴求，後者以實用達意為最高目的。但二者未嘗不可以相互滲透，只是各有所偏而已。不過在班固的時代與觀念中，純文學與應用文學的界線與觀念還是十分模糊的，他「年九歲，能屬文及誦詩賦」，大抵還是屬於應用（應酬）文學的範疇。蓋在當時，詩賦與歌頌、諷諫等俗世價值，仍緊密的關連著。因此本章不強將純文學與應用文學割裂討論，但必要時仍與史傳文章做一定之區隔。此外，本章前四節屬《漢書》之文藝思想，最後一節所論的「《漢書》之美」，雖與歷史哲學無直接之關聯，然美感之表現，實亦一種觀點之展演，其性質特殊，他不是觀點之論陳、思考的評述，它只是展現與演出。於此不能遽論，說這就是班固之思考，但也不能全盤否定，棄置不管。因此本文只指出「《漢書》之美」。容或標題上與歷史哲學稍有扞格，然亦不可不備論也。

第一節　《漢書》對文士之看法

一、文士偉大之層次

　　傳統中國讀書人，對於人生功業的終極肯定，自從《左傳》襄公二十四年（前 549 年）叔孫豹加以界定之後，就有了大略的輪廓。叔孫豹說：

　　　　豹聞之，太上有立德，其次有立功，其次有立言。雖久不廢，此之

謂不朽。

這種對人生終極功業的認定，與所謂的「世祿」無關，而與「偉大」一詞之
概念貼近。故司馬遷就認爲天下世祿的君王，「當時則榮，沒則已焉」，或者
一般之賢人，也是如此，這說明了「偉大」與「權力」，以及「永恆」與「一
時」的區隔。司馬遷看出孔子以一介布衣，非可比於世祿之家，卻傳世不絕，
爲學者所「宗」，而所有的天子王侯都要折衷六藝於夫子，這說明了孔子的永
恆價值。也就是說，對於人生與學術的系統，孔子給了一種人格與價值的典
範，而這正是他之所以「偉大」之處。當然，像欒布、田橫，也很偉大，但
那種偉大，卻是「瞬間的」，當然，這也有其價值。

　　班固承此傳統之餘緒，而表達其思考於〈答賓戲〉一文。該文伊始，班
固即表明自己「永平中（58～75 年）爲郎，典校祕書，專篤志於博學，以著
述爲業」，而「或譏以無功」，故「聊復應焉」。他先假賓之設問說：

> 蓋聞聖人有壹定之論，烈士有不易之分，亦云名而已矣。故太上有
> 立德，其次有立功。是以聖哲之治，棲棲遑遑，孔席不㬤，墨突不
> 黔。由此言之，取舍者，昔人之上務；著作者，前列之餘事爾。

班固假賓之意，故意把「其次有立言」一句暫時抹去，只把「立德」與「立
功」拿來，說明「著述」也就是「立言」之不爲人所重，實則是爲後面之反
駁預留空間，這是一層。接著班固又假賓之言曰：

> 今吾子……徒樂枕經籍書，紆體衡門，上無所蒂，下無所根。獨攄
> 意摩宇宙之外，銳思於毫芒之內，潛神默記，恆以年歲。然而器不
> 貫於當己，用不效於一世，雖馳辯如波濤，摛藻如春華，猶無益於
> 殿最摩。意者且運朝夕之策，定合會之計，使存有顯號，亡有美謚，
> 不亦優乎！

這裡班固還是假賓客之設問云，即使著述再怎樣的遠慮深思，文采華美，還
是無益政績之考核名次，而未能流芳世上。班固假主人之口回答說：

> 若賓之言，所謂見勢利之華，闇道德之實，守突奧之熒燭，未印天
> 庭而睹白日也。

他指出賓客之見識短淺，目光如豆，不知「據徼乘邪，以求一日之富貴」者，
終將「朝爲榮華，夕爲憔悴，福不盈眥，禍溢於世」，所以君子必須「守道不
貳」。班固也承認，古人處身行道，輔世成名，絕非「默然而已」。他舉咎繇
（皋陶）、傅說、姜太公、甯戚、張良等人爲例，說明他們的「建必然之策，

展無窮之勳」。然而這些人或「言通帝王，謀合神聖」或俟命而與帝王「神交」，因此還有一絲與「君王」、「神聖」平起平坐的味道，所以應該算是第二等的人物。至於近代的陸賈、董仲舒、劉向、楊雄、諸人的著述，雖也還可以「及時君之門闌，究先聖之壼奧，婆娑乎術藝之場，休息乎篇籍之囿，以全其質，而發其文」，但最後卻須「用納乎聖聽」，才能「烈炳乎後人」，這樣文人就變成第三等人物了。

總之，在班固看來，人生終要揚名世上，烈炳後人，而做為一個文人或是史家，著述自是正途。但著述雖也可以學習成聖成賢，雖也可以讓人悠遊休息其中，但班固把文人「成名」之機會與關鍵，交給了君王，必須透過「聖聽」，文人才有其光彩聲名。這比司馬遷的替天行道，自視為青雲之士，暗比為孔子，而於〈伯夷列傳〉說：「閭巷之人，欲砥行立名者，非附青雲之士，惡能施於後世哉」的氣魄與浪漫，真是遜色多了。

在司馬遷看來，世間的第一等人是孔子，是伯夷，是屈原，同時也是自己。做為一個史家，他相信，史著不但可以照亮自己，也可以照亮別人，經由自己史筆的留傳，就可以對歷史人物的功過做出評判，使閭巷砥行之人，留名後世。而在班固看來，則不然。雖其所言：

> 若乃伯夷抗行於首陽，柳惠降志於辱仕，顏耽樂於簞瓢，孔終篇於
> 西狩，聲盈塞於天淵，真吾徒之師表也。

對最偉大的先聖先哲亦充滿了孺慕之情，但是那似乎是可望而不可即的，終就是有所「隔」的，因為先聖先賢之「聲盈天淵」，是其自己成就的，但班固認為文人要「用納乎聖聽」，才能烈炳乎後人，自我無法成就，必須依附於君王的提攜與照拂，藉日月之末光以自明，更別說是照亮卑微的閭巷節士了。因此以文成名之人，又比張良等人為低，故曰「斯非其亞歟？」

不過班固對於伯牙、離婁、逢蒙、公輸般、伯樂、烏獲、扁鵲、計然、桑弘羊等古今有一技特長的人，也不屑效法、仰慕。大概是因為孔子說過，「雖小道，必有可觀者焉，致遠恐泥，是以君子不為也」的緣故。但這也表達了班固「各從其志」的思想。換言之，就偉大之層次言，做為一個文章家、詩人或是賦家，在班固眼中，永遠無法列為最偉大的人物，這與人們所認知，第一等之文章家、詩人、賦家，他們豐富人類的心靈，有者共同而普遍價值的看法，存有很大的落差。至於說到道不可貳也，原本也可以顯現一些風骨，但在班固眼中，文士終須效命於朝廷，這或許就是兩漢知識份子的時代壓力

感吧！〔註1〕

二、文心史筆之判分

　　撰述之士雖然終須效命朝廷，但必須要強調的是：班固對文心與史筆之分判是十分清楚的。這種分判，並非見於理論之要求，而是表現於著述之實踐。在班氏見存的詩文賦作中，吾人著實不易找到他批判漢家帝室的話，而稱美的言語，如〈兩都賦〉中所說：

> 於是聖上……下明詔，命有司，班憲度，昭節儉，示大素……捐金於山，沉珠於淵。於是百姓滌瑕蕩穢而鏡至清，形神寂漠，耳目不營，嗜欲之原滅，廉正之心生，莫不憂游而自得，玉潤而金聲。

表面上也幾乎到了泯滅事實的地步〔註2〕，實則如「下明詔，命有司，班憲度，昭節儉」等語句還有一些諷諫的意味在；至如〈典引序〉：

> 臣固常伏刻誦聖論，昭明好惡，不遺危細，緣事斷義，動有規矩。
> 雖仲尼之因史見義，亦無以加。

及〈典引〉：

> 盛哉！皇家帝室，德臣列辟，功君百王，榮鏡宇宙，尊無與亢。

則是極盡歌頌之能事。文心若此，也難怪文人地位之卑微了。然不論班固在文學上如何努力的在尊重史實之平衡中，盡可能的捧漢、頌漢，在史著的表現上，對皇家帝室卻絕對有所堅持、有所批判。漢高祖、呂后、惠帝、文帝、景帝、武帝，《史記》原有之批判固無庸論，單看《漢書》所錄武、昭之後臣下諫疏章奏，大抵充滿對漢家不足之進言即可知曉。如〈貢禹傳〉即載其為諫大夫時上元帝之奏疏說：

> 今大夫僭諸侯，諸侯僭天子，天子過天道，其日久矣……今民大饑而死，死又不葬，為犬豬食。人至相食，而廄馬食粟，苦其肥大，氣盛怒至，乃日步作之。王者受命於天，為民父母，固當若此乎！天不見邪？

又說：

> 武帝時又多取好女至數千人，以填後宮。及棄天下，昭帝幼弱，霍

〔註1〕 見徐復觀，〈兩漢知識份子的時代壓力感〉，《東方雜誌》三卷一期，1969 年 7 月，頁 45～58。

〔註2〕 李澤厚等以為這一類的事情，「恐怕連班固自己也不相信」，真是一針見血之論。見李澤厚、劉綱紀主編，《中國美學史》第一卷（下），頁 647。

> 光專事，不知禮正，妄多藏金錢財物，鳥獸魚鱉牛馬虎豹生禽，凡
> 百九十物，盡瘞藏之……。

又說：

> 孝宣皇帝時……天下承化，取女皆大過度，諸侯妻妾或至數百人，
> 豪富吏民畜歌者或至數十人，是內多怨女，外多曠夫。

又載貢禹為御史大夫時之言說：

> 禹以為古民無算賦口錢，起武帝征伐四夷，重賦於民，民產子三歲
> 則出口錢，故民重困，至於生子輒殺，甚可悲痛。

> 武帝……用度不足，乃行一切之變，使犯法者贖罪，入穀者補吏，
> 是以天下奢侈，官亂民貧，盜賊並起，亡命者眾。郡國恐伏其誅，
> 則擇便巧史書習於計簿能欺上府者，以為右職；姦軌不勝，則取勇
> 猛能操切百姓者，以苛暴威服下者，使居大位。故亡義而有財者顯
> 於世，欺嫚而善書者尊于朝，誖逆而勇猛者貴於官。故俗皆曰：「何
> 以孝弟為？財多而光榮。何以禮義為？史書而仕宦。何以謹慎為？
> 勇猛而臨官。」故黥劓而髡鉗者，猶復攘臂為政於世，行雖犬彘，
> 家富勢足，目指氣使，是為賢耳。故謂居官而置富者為雄桀，處姦
> 而得利者為壯士，兄勸其弟，父勉其子，俗之敗壞，乃至於是！

〈鮑宣傳〉也載其為諫大夫時上哀帝書言：

> 竊見孝成皇帝時，外親持權，人人牽引所私以充塞朝廷，妨賢人路，
> 濁亂天下，泰奢無度，窮困百姓……危亡之徵，陛下所親見也，今
> 奈何反復覆劇前乎！

這些話雖非出於班固之口，然《漢書》詳而錄之，這就顯出班氏沒有刻意的
掩護漢家之意，也證實「漢史」所載之漢帝，與班固「文章」所美者大有出
入，也可以看出，班氏有著「文學可以誇張鋪陳；歷史則須據實而書」的基
本觀念。而第三章所述班固不收〈典引〉與〈兩都賦〉入《漢書》的原因，
在此也再度獲得證實。畢竟，傳記文學——以史實為根據之最高原則，班固
還是堅守著的。面對歷史著述，班固有其史家直筆的深層意識；面對皇家的
應酬文章，班固有其歌頌帝室的人情需求。而班固大部分的著作，就是這種
漢家與史家雙邊壓力下之產物。此點既明，乃可進而言班書對文學功用之看
法。

第二節　《漢書》對文學功用之主張

　　古代中國「儒家知識份子」的前途，可大別爲二，一是做官，二是教書〔註3〕。既要做官，便須讀書，所以《詩》、《書》、《禮》、《樂》、《易》、《春秋》是「有用」的。此所謂「有用」，有兩重意義：一層是私的，是即做爲「干祿」的工具義；一層是公的，是即經世濟民，霖雨蒼生的道術義。如果把這些書，尤其是文學性最強的《詩》視爲文學，自然就有一個結論：文學是有功用的。於是兼有修齊治平與藝術欣賞雙重身份的《詩經》，不論在政治、外交，或是個人修身養性，表達情志，充實學問各方面，就都有它的用「文」之地。《論語・子路》載孔子說：

> 誦《詩》三百，授之以政，不達；使於四方，不能專對；雖多，亦
> 奚以爲？

這是《詩》在政治、外交上之功用，雖是一句過分概括的話，但《詩》的內容包括了朝廷宗廟、王公、大夫及平民生活之寫照，也多少反應了政情與民情，而古人在外交辭令上若不說出幾句《詩》裡的話，一則表示文化素養的欠缺與低落，二則所言便沒有有力的「理論根據」，至於何以少以《書》爲據，而多以《詩》爲據，則可能是因爲《詩》句多押韻，簡易上口，不似《書》句之古樸艱深。《論語・陽貨》亦載孔子之言曰：

> 小子！何莫學夫《詩》！《詩》可以興，可以觀，可以群，可以怨；
> 邇之事父，遠之事君；多識於鳥、獸、草木之名。

則所包的內容就更多了，既可激發人之志氣，考見政教之得失，溝通情志使人和睦相處，而適當的發抒抑鬱；更可以從中體悟事父事君的道理，還可以使人博物多聞。

　　當然孔子或先秦之時所謂的「文學」，不過就是《詩》、《書》、《禮》、《樂》而已，所以孔門四科的文學之科的代表，便是子游、子夏。東漢之時所指的「文學」，其範圍自是不同，但對「文學之於政教價值」之觀念，基本上並未有多大的改變，只是有些僵化，茲分述如下。

〔註3〕　《論語・爲政》載，樊遲請學稼。子曰：「吾不如老農。」請學爲圃，曰：「吾不如老圃。」樊遲出，子曰：「小人哉，樊須也！上好禮，則民莫敢不敬；上好義，則民莫敢不服；上好信，則民莫敢不用情，夫如是，則四方之民襁負其子而至矣，焉用稼？」

一、諷　諫

　　班固文藝思潮的主要來源可以說得自揚雄與劉歆的。《法言·吾子》說：

　　　　或問：景差、唐勒、宋玉、枚乘之賦也益乎？曰：必也淫。淫則奈

　　　　何？曰：詩人之賦麗以則，辭人之賦麗以淫。

這裡揚雄肯定「麗」是賦的共同性，但提出「麗以則」與「麗以淫」的區別。
「麗以則」是說「美而且符合法度」，這是有助於教化的；「麗以淫」是說「美
但是氾濫無歸」，這與教化無涉，故用處少。接著他又劃分賦為「麗以則」的
「詩人之賦」與「麗以淫」的「辭人之賦」。以此為判準，揚雄於《法言·君
子篇》評論司馬相如的賦說：

　　　　文麗用寡，長卿也。

這就表示司馬相如的賦，在揚雄眼中是文詞優美，但無助教化的「辭人之
賦」。

　　而《漢書·敘傳》也說：

　　　　文豔用寡，子虛烏有，寓言淫麗，託風終始，多識博物，有可觀采，

　　　　蔚為辭宗，賦頌之首。述司馬相如傳第二十七。

這當然是班固自己的意見，但在這個評論中提到了「文豔用寡」，也提到「淫
麗」，而這正是揚雄所說的「文麗用寡」與「辭人之賦麗以淫」的意思。

　　基本上班固此贊肯定司馬相如的文章合乎「豔麗」的標準，但認為相如
在文章的功用上，便顯薄弱。此有兩點可說。其一，既稱「子虛烏有」，表示
此乃現實上不可能之事，任憑你說得天花亂墜，對於社會現實卻沒有多大的
助益，所以班氏於〈司馬相如傳〉說：

　　　　亡是公言上林廣大，山谷水泉萬物，及子虛言雲夢所有甚眾，侈靡

　　　　多過其實，且非義理所止，故刪取其要，歸正道而論之。

所謂「歸正道而論之」，就是不尚其過實之虛言，但取其終篇之歸於諷諫之
意。他所贊同的就是〈上林賦〉最後一段：

　　　　若夫終日馳騁，勞神苦形，罷車馬之用，抏士卒之精，費府庫之財，

　　　　而無德厚之恩，務在獨樂，不顧眾庶，忘國家之政，貪雉兔之獲，

　　　　則仁者不繇也。

這一類的話語。所以他認為司馬相如的文章，大體「文豔用寡」、「子虛烏有」、
「寓言淫麗」。而在這些稱美與批評中，可知他最基本的要求就是，文章不但
要（有純文學之）「美」，還要有（應用文學之）「用」。而其所謂用，就是「託

諷終始」，就是諷諫。

班固「託諷終始」的觀念，直接來自馬遷、揚雄與劉歆。馬遷的觀念較為簡單，〈司馬相如列傳〉說：

> 《春秋》推見至隱，《易》本隱以之顯，〈大雅〉言王公大人，而德逮黎庶，〈小雅〉譏小己之得失，其流及上。所言雖殊，其合德一也。相如雖多虛辭濫說，然要其歸引之於節儉，此亦《詩》之諷諫何異？」

先不論司馬相如的賦，有無諷諫，但馬遷要求或企盼詩有諷諫，基本上不成問題。而劉歆的意見可於〈藝文志〉見之：[註4]

> 古者諸侯卿大夫交接鄰國，以微言相感，當揖讓之時，必稱《詩》以諭其志，蓋以別賢不肖而觀盛衰焉。故孔子曰：「不學詩，無以言」也。春秋之後，周道寖壞，聘問歌詠不行於列國，學詩之士逸在布衣而賢人失志之賦作矣，大儒孫卿及楚臣屈原離讒憂國，皆作賦以諷，咸有惻隱古詩之意。其後宋玉、唐勒、漢興枚乘、司馬相如，下及揚子雲，競為侈麗閎衍之詞，沒其風諭之義。是以揚子悔之曰：
> 「詩人之賦麗以則，辭人之賦麗以淫。如孔氏之門人用賦也，則賈誼登堂，相如入室矣，如其不用何！」

這一段話不但有劉歆自己的意見，也引述了揚雄的話言，而其重點一樣是提出了詩賦要有「諷諫」作用，要求賦作要有「惻隱古詩」之義，而「惻隱古詩」之義，就在詩中的「微言相感」，藉者稱誦詩句以「委婉地」說明自己的志意。詩句之引用當否，是一種技巧，也是一種藝術。至於賦的「創作」，那更要看作者之功力了。

從班固之〈藝文志〉，可見他重視賦的「諷諫」作用。又因他對「諷諭」的重視，故未錄〈子虛上林〉之賦，即先言「相如……欲明天子之義，故虛藉此三人為辭，以推天子諸侯之苑囿，其卒章歸之於節儉，因以諷諫」。在〈揚雄傳〉中，他更多次且刻意的提到賦的諷諭：「孝成帝時……從上甘泉，還奏甘泉賦以風」；「雄以為臨川羨魚不如歸而結罔，還，上〈河東賦〉以勸」；「其十二月羽獵，雄從，以為……羽獵田車戎馬器械諸侍禦所營，尚泰奢麗誇栩……又恐後世復修前好，不折衷以泉臺，故聊因〈校獵賦〉以風」；「是時，

〔註 4〕班固的〈藝文志〉自稱是刪劉歆《七略》之要而來，可謂是《七略》的濃縮本，故亦可視為劉歆之見。

農民不得收殮……雄從至射熊館，還，上〈長楊賦〉……以風」。在〈甘泉賦〉之後，班固更不惜筆墨，加意說明其「微戒」之意。此在在顯示班固承認賦在「諷諭上」的作用。而在揚雄「雕蟲篆刻」、「壯夫不為」的詛咒下，班固還有不少的賦作，〈藝文志〉也還保留詩賦略，〈敘傳〉而稱相如「託諷終始」，也就不足為奇了。

然而，班固「要求」或「希望」賦有「諷諫」的作用是一回事；屈原以下，迄班氏為止的漢賦有無諷諫又是一回事。而這一點，卻引起極大的爭論。蓋班固一方面於〈藝文志・詩賦略〉批評司馬相如以及他所尊敬的揚雄，「競為侈麗閎衍之詞，沒其風諭之義」，另一方面在〈敘傳〉卻又稱許相如之賦「託諷終始」，〈揚雄傳〉亦屢稱雄作賦以諷（如前所引），〈兩都賦〉更說漢公卿與言語侍從之臣「朝夕論思，日月納獻」，「以抒下情，而通諷諭」。李澤厚等以為班固這樣的表現，「簡直有點出爾反爾」〔註5〕。不過，這還是分別在兩處不同的地方，產生言辭上的矛盾，最奇的莫過於班固在〈司馬相如傳贊〉也同時兩引司馬遷與揚雄二人之針鋒相對之論，云：

> 司馬遷稱「……相如雖多虛辭濫說，然要其歸引之於節儉，此亦《詩》
> 之諷諫何異？」揚雄以為靡麗之賦，勸百而諷一，猶騁鄭衛之聲，
> 曲終而奏雅，不已戲乎？

而不做分判揀別。然而何以會有如此糾纏不清的矛盾出現，最大的可能應該不是班固〈藝文志〉刊落向、歆父子的《別錄》、《七略》不盡之故，而是班固受到劉歆折衷主義的影響〔註6〕，蓋責備求全，則慨言作者「競為侈麗閎衍之詞，沒其風諭之義」；同情深體，則單指賦家「託諷終始，作賦以諷」。這樣的折衷意識，不獨見於對漢賦的批評，也見於「文心與史筆」的折衷。更進一步，甚至其「明哲保身與死守正道」、「尊漢立場與客觀原則」、「儒家中心與道家協用」、「天人思想與外在批判」〔註7〕，也或多或少受到折衷主義的影響。

〔註5〕李澤厚云：（班固）「一方面說司馬相如的賦已『沒其諷諭之義』，另一方面卻又說同《詩》之風諫沒有區別」，簡直是「有點出爾反爾」。見同註2，頁644。

〔註6〕見侯外盧，《中國思想通史》第二卷（北京：人民出版社，1957年），頁196～207。

〔註7〕〈五行志〉並錄董仲舒、劉向、劉歆三人之論，此三人分別代表公羊春秋、穀梁春秋及左氏春秋，但班固亦未加揀別。甚至班固有時還加上自己的意見，而呈四說並陳，無所判別的現象。

二、歌　頌

在班固看來，詩賦與國家之興廢，政治之隆污也脫離不了關係。《文選》，卷一〈兩都賦〉的序說：

> 或曰：「賦者，古詩之流也。」昔成、康沒而頌聲寢，王澤竭而詩不作。

換言之，在刑錯幾四十年的成康盛世，政治清平，國家有值得人民歌頌之處，當時也必有歌頌朝廷朝政之詩，及至後世，成康之良政不再，君王之德澤無聞，所以「頌聲寢」而「詩不作」。由此可見詩作與國政之關連是十分密切的。從另一面看，做為文人，對國家也擔負有一定的責任，是即國家有可歌之政，可頌之事，可記之瑞時，文人也必須於文章上有所表示，參與「潤色鴻業」的行列。所以〈兩都賦〉的序又說：

> 大漢初定，日不暇給。至於武宣之世，乃崇禮官，考文章，內設金馬石渠之署，外興樂府協律之事，以興廢繼絕，潤色鴻業。是以眾庶悅豫，福應尤盛。白麟、赤鴈芝房寶鼎之歌，薦於郊廟；神雀、五鳳、甘露、黃龍之瑞，以為年紀。故言語侍從之臣，若司馬相如、虞丘壽王、東方朔、枚皋、王褒、劉向之屬，朝夕論思，日月納獻。而公卿大臣、御史大夫倪寬、太常孔臧、太中大夫董仲舒、宗正劉德、太子太傅蕭望之等，時時間作。或以抒下情，而通諷諭；或以宣上德而盡忠孝，雍容揄揚，著於後嗣，抑亦雅頌之亞也。故孝成之世，論而錄之，蓋奏御者千有餘篇，而後大漢之文章，炳焉與三代同風。

> 且夫道有夷隆，學有麤密，因時而建德者，不以遠近易則。故皋陶歌虞、奚斯頌魯，同見采於孔氏，列於《詩》、《書》，其義一也。稽之上古則如彼，考之漢室又如此，斯事雖細，然先臣之舊式，國家之遺美，不可闕也。

班固指漢廷言語侍從之臣與公卿大夫之作，是雅頌之亞，而雅是正的意思，意即賦作必需導引人到正的一方；頌是歌頌之意，意即賦做必需歌詠朝廷功德。所以他舉皋陶之「歌虞」與奚斯之「頌魯」為例，說明文人的歌功頌德是應該的，而且此事連孔夫子也加以肯定。至於漢臣之作，更是「或以抒下情而通諷諭；或以宣上德而盡忠孝」，所以基於「先臣之舊式，國家之遺美，不可闕也」之義，班固也跳出來寫了這篇〈兩都賦〉。

一般而言，歌功頌德，未必就是可鄙可批之事〔註8〕，如稱美文帝之恭儉仁愛，使後世慕而效之；歌詠宣帝之勵精圖治，使繼位無敢懈殆；或帶著一種期望的誇美，使帝王朝理想之境前進；或如實的宣揚帝王善績，使百姓有與有榮焉的喜悅，都是可以接受的事。然一味阿諛虛美，言天命、稱符瑞、把帝王說得神聖無比，就令人討厭了，是故文人之居心最為重要。而班固在這方面除了〈典引〉在漢明帝的暗示下，說出「功君百王，榮竟宇宙」的諂媚語，或有其不得已外，〈幽通賦〉與〈兩都賦〉之言論，雖有誇大，也倒有幾分真實。如〈兩都賦〉中說光武帝：

> 紹百王之荒屯，因造化之蕩滌，體元立制，繼天而作。系唐統，接漢續，茂育群生，恢復疆宇，勳兼乎在昔，事勤乎三五。豈特方軌並跡，紛綸后辟，理近古之所務，蹈一聖之顯易云爾哉？

就不算十分過分。就算前面所引〈兩都賦〉中最不真實的一段，如果從「期望達到這種境界」的觀點去看，倒也不便太苛責班固。只能說，在以詩賦歌頌漢家的功德上，以班固的為人是不會缺席的，但要他拋棄一切顏面，去阿諛一人，以他儒學中心的思想，尚不至此。

三、觀盛衰與風俗之厚薄

班固於〈藝文志‧詩賦略〉引傳曰：

> 「不歌而誦謂之賦，登高能賦可以為大夫。」言感物造耑，材知深美，可與圖事，故可以為列大夫也。

在班固的理念中，不歌而誦就叫作賦，在一定的場合，能適當的延引詩、賦中的句子，表示其人對事、物有敏銳的感覺與反應，並且有學問有機智，能夠活用所學，所以可與討論事情，解決問題，這是為列大夫的條件。又因為「詩言志」，故由大夫之是否有此水準或是修養，及其所言所賦，就可觀見一國之盛衰。是以〈藝文志‧詩賦略〉又云：

> 古者諸侯卿大夫交接鄰國，以微言相感，當揖讓之時，必稱《詩》以諭其志，蓋以別賢不肖而觀盛衰焉。故孔子曰：「不學詩，無以言」也。

而該〈略〉的最後一句云：

〔註8〕康金聲，《漢賦縱橫》有〈漢賦「歌功頌德」新議〉一篇可參考（山西：人民出版社，1992年9月），頁74～79。

> 自孝武立樂府而采歌謠，於是有趙代之謳，秦楚之風，皆感於哀樂，
> 緣事而發，亦可以觀風俗，知薄厚云。

古人早就認爲詩可以別賢不肖及觀盛衰。《左傳》襄公二十九年（前 544 年）就記載，吳公子季札聘魯，請觀周樂，對於周南、召南、邶、鄘、衛、王、齊、豳、秦、魏、唐、陳及大、小雅、頌，等皆有相應之評論。班固於《漢書・地理志》也有相關的記載。如：

> 天水、隴西，山多林木，民以板爲室屋。及安定、北地、上郡、西
> 河，皆迫近戎狄，修習戰備，高上氣力，以射獵爲先。故《秦詩》
> 曰：「在其板屋」；又曰「王于興師，修我甲兵，與子偕行」。

又說：

> 秦地天下三分之一，而人眾不過什三，然量其富居什六。吳札觀樂，
> 爲之歌《秦》，曰：「此之謂夏聲。夫能夏則大，大之至也，其周舊
> 乎？」

又說：

> 唐有晉水……其民有先王遺教，君子思深，小人儉陋。故《唐詩》
> 〈蟋蟀、山樞、葛生〉之篇曰「今我不樂，日月其邁」；「宛其死矣，
> 它人是媮」；「百歲之後，歸于其居」。皆思奢儉之中，念死生之慮。
> 吳札聞唐之歌曰：「思深哉！其有陶唐氏之遺民乎？」

又說：

> 鄭國……土狹而險，山居谷汲，男女亟聚會，故其俗淫。《鄭詩》曰：
> 「出其東門，有女如雲。」……又曰：「恂盱且樂，惟士與女，伊其
> 相謔。」此其風也。吳札聞《鄭》之歌曰：「美哉！其細已甚，民弗
> 堪也。是其先亡乎？」自武公後二十三世，爲韓所滅。

這一類的例子極夥，不便具引。當然以上所舉皆《詩經》之詩，惜乎〈藝文志〉所錄〈吳楚汝南歌詩〉十五篇、〈燕代謳雁門雲中隴西歌詩〉九篇、〈邯鄲河間歌詩〉四篇及其鄭歌詩四篇等所謂「趙、代、秦、楚之謳」者，今多不存，無能取以爲印證云。

最後，在「多識博物」方面，也是「有可觀采」的標準之一。然多識博物，是文章家的基本要求，對於作者而言，他作文章的主要目的之一，也包括「誇示才學」這一項，而「多識博物」就是他誇耀的重點之一。然而文章功用之重點實不在此，最重要的仍在其諷諭與歌頌的作用——在班固看來。

第三節 《漢書》對美文條件之要求

一、靡麗

永平十七年（74 年），班固寫了一篇歌頌漢德的〈典引〉〔註9〕，其序文中提到：「相如封禪，靡而不典，揚雄美新，典而無實」，《後漢書‧班固傳》亦云：

> 固又作〈典引篇〉，述敘漢德。以為相如〈封禪〉，靡而不典，揚雄〈美新〉，典而不實，蓋自謂得其致焉。

所謂「蓋自謂得其致焉」，意謂班固既然批評他人「靡而不典」、「典而無實」，則他自己應達到「靡麗」、「典雅」、「實在」這三點要求。司馬相如被推為漢家辭賦之宗，除開宏偉壯闊的氣勢，另一個重要的因素，就是其文辭之華麗，所以揚雄以為「辭莫麗於相如」〔註10〕，而班固亦稱其「文豔」。「文豔」就是〈答賓戲〉中所說的「馳辯如濤波，摛藻如春花」，這正是麗辭的條件。換言之，辭藻優美還要說理暢達，才符合文章靡麗的要求。他的〈典引〉功力非凡，以對偶之美而言如「膺當天之正統，受克讓之歸運，蓄炎上之烈精，蘊孔佐之弘陳」、「顯定三才昭登之績，匪堯不興；鋪聞遺策在下之訓，匪漢不弘」不獨有對仗之美，更能展陳續說，不黏不滯。而且這些雙句對比匡衡奏議中的句子「情欲之感無介乎容儀，宴私之意不形乎動靜」更藝術化了。而其刻劃事物，亦能見其圓滿，不但《兩都賦》對於長安地理位置有全方位之描述：

> 漢之西都，在于雍州，寔曰長安。左據函谷，二崤之阻，表以太華、終南之山。右界褒斜、隴首之險，帶以洪河、涇、渭之川。華實之毛，則九州之上腴焉；防禦之阻，則天下之奧區焉。

〈典引〉更有對漢家應該封禪的全方位的說理：

> 夫圖書亮章，天哲也；孔猷先命，聖孚也；體行德本，正性也；逢吉丁辰，景命也。順命以創制，定性以合神……有不俾而假素，罔光度而遺章，今如台而獨闕也！

這些都確實展現了其辭辯與靡麗的一面。就整篇文章而論，雖然他為了雅正的要求，用了一些前人的「熟語」，但決非陳腔爛調，用語更不平庸，說理并

〔註 9〕見《文選》，卷四十八。
〔註10〕見《漢書‧揚雄傳》贊。

然有序，層次段落分明，絕無雜亂拼湊之病，文字亦簡練而不虛弱，辭采儘管華美，卻沒一句廢話，這些都符合後世美文的條件。

二、古典與實錄

所謂古典，就是文辭典雅，合於古道之義。前言班固作〈典引〉，以爲「相如〈封禪〉，靡而不典，揚雄〈美新〉，典而不實」這句話是針對揚雄的〈劇秦美新〉及相如的〈封禪〉這兩篇文章言，他認爲揚雄對新朝的讚美是不符實際的，蓋在班固看來王莽以不正當手段竊取漢家天下，且搞得天怒人怨，民復相食，這種情形還給予讚美，是不符正道的，雖然文體典則，但所稱王莽事多非事實。至於說相如靡而不典，是專就美盛德的文章立論，事實上非僅封禪如此，〈司馬相如傳〉中班固也稱：「無是公言上林廣大，山谷水泉萬物，及子虛言雲夢所有甚眾，侈靡多過其實，且非義理所止，故刪取其要，歸正道而論之。」的確〈上林、子虛〉雖文辭優美，但既乏事實根據，只是一種想像之奔馳，文字之堆砌，對世道人心也無甚助益，也非對漢帝國之「正面」歌頌，故在班固看來，就不夠完美。又如〈枚皋傳〉，班固評枚皋：

> 其文骫骳，曲隨其事，皆得其意，頗詼笑，不甚閒靡。凡可讀者百
> 二十篇，其尤嫚戲不可讀者尚數十篇。

文章寓意，拐彎抹角，自然言理不暢。雖然駕馭良好，亦成一種風格。但嘻笑怒罵的文章，自亦難言閒雅靡麗。雖尚可讀，不過不是第一流的文章，而過分嫚戲的文章，離「典雅」的要求也越遠，所以說不可讀。〈賈鄒枚路傳〉贊亦云：

> 《春秋》魯臧孫達以禮諫君，君子以爲有後。賈山自下劇上，鄒陽、
> 枚乘游於危國，然卒免刑戮者，以其言正也。路溫舒辭順而意篤，
> 遂爲世家，宜哉！

此處雖就諫君言，但此數子都是以文章之方式表達，所以也可看出班固對文章言正意誠與辭順的要求之意。敘傳稱《漢書》是「緯六經，綴道綱」、「函雅故，通古今」之作，這豈不也包含典雅助道的意思。

不只文章要講典雅，就是音樂也要講究「雅正」。《漢書·禮樂志》說：「樂者，聖人之所樂也，而可以善民心，其感人深，其移風易俗易，故先王著其教焉。」這說明了音樂具有一種高度的感染力，只是班固不是純從藝術的觀點出發，而是從教化的角度立論。然而，音樂之所以有助教化，必是聞樂有可樂可喜者，否則如何使人接受？所以班固指出：

故孔子適齊聞《招》，三月不知肉味，曰「不圖爲樂之至於斯！」美
之甚也。

音樂雖能感人移人，但正因爲如此，所以音樂同樣也會使人墮落。否則
孔子就不需正樂，而讓「雅頌各得其所」；陪臣管仲、季氏之屬也就不會「三
歸雍徹，八佾舞庭」了。連六國時最爲好古的魏文侯，也對子夏說：「寡人聽
古樂則欲寐，及聞鄭、衛，余不知倦焉。」班固特別指出：「子夏辭而辨之，
終不見納，自此禮樂喪矣。」這是多沉痛的表述，也可見班固對雅樂的要求。
他更指出殷、周的先王、中興之明主以及名輔之屬，功德信美，褒揚之聲，
充塞天地之間，是以「光名著於當世，遺譽垂於無窮」。反觀漢家的郊廟詩歌，
不但「未有祖宗之事（沒有歌功頌德）」，「又不協於鐘律」，並且「內有掖庭
材人，外有上林樂府」，卻「皆以鄭聲施於朝廷」。即或成帝罷鄭衛之聲，「然
百姓漸漬日久，又不制雅樂有以相變，豪富吏民湛沔自若，陵夷壞於王莽」。
這也是他爲何大聲疾呼希望漢家「立禮成樂」的原因了。

就文章要符合事實而言，班固亦有其說。他於〈公孫弘卜式兒寬傳〉贊
說，漢之得人，武、宣爲盛，並舉出司馬遷與司馬相如爲代表，相如爲漢家
辭賦之宗、賦頌之首，班固要求他的著眼點除了「豔麗」之外，最主要的就
是「有用」，此前已言之。至於史家代表的司馬遷，則可分三點來說，而由此
三點，亦可一窺班固之文藝思想。首先，班固既云：「文章則司馬遷、相如」，
則「歷史傳、紀」亦被視爲文章之一大主流，此或可稱「史傳文學」。其次，
傳贊稱馬遷是非頗繆於聖人，其下略舉論大道、序游俠、述貨殖三事皆因此
而有所蔽，姑不論其評論的當與否，但至少可看以出他對史傳的要求——「是
非不可繆於聖人」，這與宗經、徵聖實相合拍（實則史遷亦主考信於六藝，折
衷於夫子）。其次就敘事言，班固以爲自劉向、揚雄博極群書，皆稱司馬遷有
良史之材，服其善序事理，「辨而不華，質而不俚，其文直，其事核；不虛美，
不隱惡」，故謂之「實錄」。這應是他對史傳文章的要求了。最後，班固從文
章貫串到作者，慨嘆博洽的史家，竟未能以智自全，而特別的強調「明哲保
身」之美。此在第四章已詳述，茲不復贅。至於賦作方面，班固本身的作品，
如《兩都賦》所述：

昭陽特盛，隆乎孝成。屋不呈材，牆不露形。裹以藻繡，絡以綸連。
隨侯明月，錯落其間。金釭銜壁，是爲列錢。翡翠火齊，流燿含英。
懸黎垂棘，夜光在焉。於是玄墀釦切，玉階彤庭，礝碱綵緻，琳玟

青熒，珊瑚碧樹，周阿而生。

就與《漢書‧外戚傳》所述昭陽舍之情形：

> 中庭彤水，而殿上髹漆，切皆銅沓黃金塗，白玉階，壁帶往往爲黃
> 金釭，函藍田璧，明珠翠羽飾之。

相吻合。昭陽殿舍之情形如此，則其所述整個長安之實情，恐亦相去弗遠，
而由張衡〈兩京賦〉與班氏〈兩都賦〉所述大抵類似，亦可知這種推論尚符
事實〔註11〕。何沛雄《讀賦零拾》指出：班固〈西都賦〉言上林苑之離宮別
館有三十六所，而《三輔黃圖》亦言有三十六所〔註12〕。又說：

> 世稱三輔黃圖與長安志爲研究漢代西京至要之依據（見《四庫提
> 要》），而二書皆引孟堅〈西都賦〉與〈西京賦〉。以兩賦所述，證諸
> 史記，殆無疵訛。〔註13〕

又引元朝李好文的《長安圖志》的話爲證：

> 嘗讀漢人之賦，遂知西京臺觀之盛。班孟堅曰：『軼雲雨於太平，虹
> 蜺迴代於棼橑。』又曰：『潘井幹而爲半，目轉炫而意迷。』……余
> 至長安，親見漢宮故址，皆因高而爲基，突兀峻峙，崒然山出，如
> 未央、神明、景幹之基皆然，望之使人神志不覺森竦，使當時樓觀
> 在上，又當如何？

他更以班書證班書的方法指出：

> 班固〈西都賦〉極寫長安市民之眾，其辭曰：「人不得顧，車不得旋，
> 闐城溢郭，旁流百廛，紅塵四合，煙雲相連。」考《漢書‧地理志》
> 所載，漢平帝元始二年，三輔之人口凡二百四十餘萬（總記三輔），
> 二千年之京都，人口稠密如此，孟堅之言豈過誇哉！〔註14〕

這些都是較爲切確之證據。

三、巨麗宏富

漢家天下，自漢初之「天子不能具鈞駟，而將相或乘牛車，齊民無蓋藏」，
「米至石萬錢，馬一匹則百金」的艱苦鄙陋的環境，經歷四代七十年的休養

〔註11〕此點瞿兌之先生已舉而出之。見《中國散駢文概論》（臺北：莊嚴出版社，1981
　　　　年），頁97～98。

〔註12〕見何沛雄編著，《賦話六種》（香港：中文大學，1992年12月），頁149。

〔註13〕見同註12，頁150～151。

〔註14〕見同註12，頁151～152。

生息，終於達到「都鄙廩庾皆滿，而府庫餘貨財，京師之錢累鉅萬，貫朽而不可校，太倉之粟陳陳相因，充溢露積於外，至腐敗而不可食」，「乘牸牝者儐而不得聚會」。建元、元封（前 140～105 年）之間，不僅國力鼎盛空前，物質生活之之奢靡浮華，也到了一個前所未有之頂峰。再加上一個雄才大略，在位長久的漢武帝，於是國家、疆域、城池、殿堂、功業、排場乃至典章、制度、娛樂、奢侈，都講求「大」。於是以大為美的觀念就更加蓬勃發展了〔註15〕。《上林賦》所述廣袤萬里的漢家苑囿，其中「離宮別館，彌山跨谷」；各種水果「羅乎後宮，列乎北園」；逃獵之獸「塡坑滿谷，掩平彌澤」；娛樂歌舞的「千人倡，萬人和」，這一切的一切都是所謂的「巨麗之美」。而班固〈西都賦〉所述之長安，也綜括地理形勢，並及城郭郊野，宮闕苑囿，亭臺樓閣畋獵遊娛等一切盛況。這些辭賦不但在文辭上有浩大的氣魄，雄渾的氣勢，就是在字數上，也是空前的長篇。楚辭中最長的〈離騷〉，不過二千四百多字，而司馬相如的〈上林〉就已經到三千五百二十三字，班固的〈兩都賦〉則更達到了四千七百零二字〔註16〕。這是班固在賦作方面的實質表現。而〈兩都賦〉序稱，漢家之言語侍從之臣的「朝夕論思，日月納獻」與公卿大夫的「時時間作」，到漢成帝之時：「論而錄之，蓋奏御者千有餘篇，而後大漢之文章，炳焉與三代同風。」這說明了文章數量要多，才得以稱得上是光明燦爛而與大漢之格局才能相得益彰。如果是數十百篇，也就不足為豪了。

　　此外，就是班固的一代之史，時間上遠短於馬遷的自黃帝以來，但篇幅上遠超過《史記》的五十二萬六千言，卻不以為嫌，而內容方面，《史記》已遍及軍事、經濟、社會、心理、宗教、科技、地理、外交、國防、學術、民族各個領域，而《漢書》猶自許為「窮人理，該萬方」，倘明乎班氏數大為美之觀念，也就不足為奇了。

第四節　《漢書》之歷史想像

一、歷史想像之必要

　　文學創作有所謂「想像」或「聯想」。即透過各種情緒，依憑某些己身的

〔註15〕按「具鈞駟」與「乘牸牝者儐不得聚會」，就已是一種「齊一數大」為美的觀念。

〔註16〕見袁濟喜，《兩漢精神世界》，第八章〈五綵繽紛的美感天帝地〉（北京：中國人民大學出版社，1994 年），頁 292。

經驗，運用思考、模擬，再構成一種新的情境或感受。這種情境或感受可以超越事實的範疇。「行宮見月傷心色，夜雨聞鈴斷腸聲」，這是白居易〈長恨歌〉的想像。時、地、事、物，無須切確，只要能表達孤獨落寞，悼亡傷逝的情懷即可。不過史傳文學的想像，總要有事實做依據，想像只具彌縫美化的作用而已。爲與文學的想像區別，故稱之爲「歷史想像」。

歷史講求事實，何以亦有想像？亦須想像？蓋任何一個人，在思考或面對抉擇時，他總要分析設想各種可能。因爲人是會思考的理性動物。而史家不論是敘事或是評斷歷史人物，除了要思考如何記述歷史事件之外，更需有設身處地的情懷，才能對歷史有深入而同情的了解，否則便不相應。不相應就是對歷史做不正確之描述及了解。歷史已成過往，史家已不能「身逢其時」、「身歷其境」、「身預其事」，但可以設想「回到歷史」、「身在其中」。這牽涉歷史之「想像」，雖也涉及歷史之「解釋」，但「想像」與文學亦有密切之關聯，故於本章述之。

所有的歷史均是過往之舊事、陳蹟，但所有的古文、遺事、傳說絕無法整全地展現歷史風貌。尤其人與事之牽扯已複雜得經緯萬端。雖人物之言論與行事尚可詳閱資料紀錄，扒梳整理而予以分類、歸納。但人心難測，人物的言行也難能當下一無遺漏的記錄下來。歷史人物的心中想些什麼，甚至說了什、做了什麼，都要靠史家發揮「歷史的」想像去體會。而史家何以能夠如此，則又由於歷史有其連續性與合理之結構性，而爲吾人能夠理解。透過類比的思考，而能提升對歷史事件的因果關係之適切理解，並進而將誤會降至最低。〈孔子世家〉末，太史公曰：

> 《詩》有之：「高山仰止，景行行止。」雖不能至，然心鄉往之。余
> 讀孔氏書，想見其爲人。適魯，觀仲尼廟堂車服禮器，諸生以時習
> 禮其家，余低迴留之，不能去云。

史公「心鄉往之」，「想見其爲人」，在他心目腦海中，根據歷史事實以及他所讀到有關孔子的書籍，而牽合想像出一個活生生的孔子以及他的一生。這也就是何以司馬遷能如彼真切的寫出孔子的一生；寫出生動感人的〈孔子世家〉的原因之一。不僅如此，他還「設身處地」的發揮了歷史的想像，而「設身處地」尤能刺激與深化這種「鄉往」與「想見」之眞實性，所謂「發思古之幽情」，此幽字實不可等閒視之。故馬遷在仲尼廟堂，低徊不忍離去；適長沙觀屈原所自沉淵而垂涕想見其爲人。

　　此外，歷史事件的資料常是片段的，史事是割裂的，此乃歷史之斷裂與不連貫，如何讓歷史合理可知，讓數千百年後之後人了解往古之人的想法與觀念乃至生動化當時的行事，這有時也是須要靠史家想像或者說是虛構之功，來展延或補綴歷史斷裂的真實。當然此種想像或虛構須盡量的合情、合理，且不影響歷史事件本質之真，而為一般人所能接受——雖然有時，就「純理」言，有些情節甚至是不可能發生的事。《孔叢子・答問》記陳涉讀《國語》驪姬夜泣事，顧謂博士曰：

　　　　人之夫婦夜處幽室之中，莫能知其私焉，雖黔首猶然，況國君乎？

　　　　余以是知其不信，乃好事者為之詞！

錢鍾書先生以為驪姬夜訴，就是「枕邊告狀」，「正《國語》作者擬想得之，陳涉所謂『乃好事者為之詞』耳」〔註17〕。但史家為了追敘真人實事，就是須要「遙體人情，懸想事勢，設身局中，潛心腔內，忖之度之，以揣以摩」才能「入情合理」〔註18〕，這也是何以須要歷史想像的最有力說明。

　　《史記》、《漢書》皆曾提及高祖在洛陽南宮，從複道望見諸將常相與坐沙中語，高祖問張良此何語，良謂是相聚謀反，後劉邦採張良之議先封最恨之雍齒為侯，以固結諸將。劉知幾就對此評論說：

　　　　夫公家之事，知無不為，見無禮於君，如鷹鸇之逐鳥雀。案子房之少也，傾家結客，為韓報仇。此則忠義素彰，名節甚著。其事漢也，何為屬群小聚謀，將犯其君，遂默然杜口，俟問方對？倘若高祖不問，竟欲無言者邪？且將而必誅，罪在不測。如諸將屯聚，圖為禍亂，密言臺上，猶懼覺知；群議沙中，何無避忌？為圖之道，必不如斯。然則張良應反側不安，雍齒以嫌疑受爵，蓋當時實有其事也。

　　　　如複道之望，坐沙而語，是說者敷演，妄溢其端耳。〔註19〕

「複道之望，坐沙而語」，在劉知幾看來，這是不合理之事，因而他認為這是說者之「敷演」與「溢端」。蓋劉知幾不是從「歷史想像」的觀點來看待此事，他是從純粹辨別真偽的角度來看待史書的紀錄，他說：

　　　　夫人識有不燭，神有不明，則真偽莫分，邪正靡別。昔人有以法髮繞炙誤其國君者，有置毒於胏誣其太子者。夫髮經炎碳，必致焚灼，毒味經時，無復殺害。而行之者偽成其事，受之者信以為然。故使

〔註17〕見錢鍾書，《管錐篇》，〈左傳正義・一，杜預條〉，第一冊，頁165。
〔註18〕見同註17，頁166。
〔註19〕見《史通・暗惑》。

> 見咎一時,取怨千載。夫史傳敘事,亦多如此。其有道理難憑,欺
> 誣可見,如古來學者,莫覺其非,蓋往往而有焉……尋茲失所起,
> 良由作者情多忽略,識惟愚滯。或採彼流言,不加銓擇;或傳諸說,
> 即從編次。用使眞僞混淆,是非參錯。〔註20〕

其實所謂之「敷演」與「溢端」正是史家之想像。而此種想像卻不影響此事件本質——「張良慮反側不安,雍齒以嫌疑受爵」之眞,此蓋知幾之史學觀點不同於《史、漢》之作者。其實歷史不僅是一門求眞的學問,亦是一門求善、求美的學問,只要不影響本質之眞,想像之存在是容許的,也是必要的。

《史記·刺客列傳》載,刺秦之荊軻,乃田光所薦。田光因燕太子「丹所報,先生所言者,國之大事也,願先生勿洩也」一語,以「長者爲行,不使人疑之」,乃自刎而死,一則以明不言,一則以激荊軻。然史公述易水送別一段曰:

> 遂發,太子及賓客知其事者,皆白衣冠以送之。至易水之上,取道,
> 高漸離擊筑,荊軻和而歌,爲變徵之聲,士皆垂淚涕泣。又前而爲
> 歌曰:「風蕭蕭兮易水寒,壯士一去兮不復還!」復爲羽聲慷慨,士
> 皆瞋目,髮盡上指冠。於是荊軻就車而去,終已不顧。

刺秦王成敗繫燕一國之存亡與全國之民命,此是何等大事?樊於期將軍斷頭與事,田光先生自裁閉口,此事何等隱秘?白色,喪服,此裝何等忌諱醒目?乃太子與眾賓客皆白衣送行,這豈非告天下人以大事?所以這必然是史公「筆補造化,代爲傳神」〔註21〕的想像或是生色的虛構。但讀者震懾於人間信義之可貴,荊軻勇氣之難能,友朋慷慨,易水悲風,荊軻就車,終已不顧之生離死別場面,歷史既實有荊生刺秦王,太子送別之事,於是一切都變得順理成章了。

二、《漢書》歷史想像舉隅

《史記》於發揮史家想像之神奇也如此,班固無馬遷之廣遊,然其書想像臆度之處亦不減馬遷。例如〈武五子傳〉載廣陵厲王劉胥覬覦帝位,詛咒天子,發覺按驗,又藥殺女巫及宮人二十餘人滅口,天子遣廷尉、大鴻臚就

〔註20〕 見同註19。
〔註21〕 語出周亮工,《尺牘新鈔》,轉引自錢鍾書《管錐篇》,第一冊〈史記項羽本紀條〉,頁278。(「筆補造化」原李賀語)

問，劉胥見使者認罪。班固詳述之後的情形說：

> 胥既見使者還，置酒顯陽殿，召太子霸及子女董訾、胡生等夜飲，
> 使所幸八子郭昭君、家人子趙左君等鼓瑟歌舞。王自歌曰：「欲久生
> 兮無終，長不樂兮安窮！奉天期兮不得須臾，千里馬兮駐待路。黃
> 泉下兮幽深，人生要死，何爲苦心！何用爲樂心所喜，出入無慷爲
> 樂亞。蒿里召兮郭門閱，死不得取代庸，身自逝。」左右悉更涕泣
> 奏酒，至雞鳴時罷。胥謂太子霸曰：「上遇我厚，今負之甚。我死，
> 骸骨當暴。幸而得葬，薄之，無厚也。」即以綬自絞死。

這是何等傷感的最後晚餐，王之所歌，又是何等悽愴悲涼。觀其歌辭，決非
先前所就，而眾人涕泣之際，還有誰有這種心情去記下王之歌辭。此必作者
設想像當時情狀，代爲抒憂之作。如同史公所載，垓下之戰，虞姬、項王並
身邊親近之人，早已自殺、戰死，史公從何得聞項王慷慨悲歌之辭？從何得
知項王泣下數行，左右皆泣，莫能仰視之狀？

又如〈何武傳〉載：

> 哀帝崩，太后即日引莽入，收大司馬董賢印綬，詔有司舉可大司馬
> 者。莽故大司馬，辭位辟丁、傅，眾庶稱以爲賢，又太后近親，自
> 大司徒孔光以下舉朝皆舉莽。武爲前將軍，素與左將軍公孫祿相善，
> 二人獨謀，以爲往時孝惠、孝昭少主之世，外戚呂、霍、上官持權，
> 幾危社稷，今孝成、孝哀比世無嗣，方當選立親近輔幼主，不宜令
> 異姓大臣持權，親疏相錯，爲國計便。於是武舉公孫祿可大司馬，
> 而祿亦舉武。太后竟自用莽爲大司馬。莽風有司劾奏武、公孫祿互
> 相稱舉，皆免。

按何武與公孫祿二人爲國計便之議，既係獨謀，他人必無從得知，班氏又自
何耳聞？王莽既指示有司劾奏二人互相稱舉，最後只是免官，其罪甚薄，既
未下獄，則無拷按，二人應無自供獨謀內容之可能。故所謂「往時少主之世」
云云，或係當時少數人之見解，而班固取材敷演之而已。至於元始三年（3年）
呂寬事起，何武被誣自殺，班固稱：「眾人多冤武者，莽欲厭眾意，令武子況
嗣爲侯」一事，更是站在「推心置腹」的敘事觀點來寫史。

又如〈翟方進傳〉載，平帝崩，王莽居攝，翟義心惡之，說姊子上蔡陳
豐共同舉兵西誅王莽一段：「……設令時命不成，死國埋名，猶可以不慚於先
帝。今欲發之，乃肯從我乎？」這是何等話語？他人可得聞乎？陳豐其人不

顯，其後不知所終，翟義戰敗被捕，尸陳都市。當日說陳豐之長串話語如何得詳，更是一大疑問。如非史家之想像潤飾敷演，何克臻此？又如〈張禹傳〉載，成帝永始元延（前 16～9 年）年間，多日蝕地震，吏民上書言災異，多譏切王氏專政所致。成帝亦頗以爲然，乃車駕至張禹府第，辟左右問禹以天變，並以吏民所言王氏事示禹。班固在此做了全知觀點的記述：

> 禹自見年老，子孫弱，又與曲陽侯不平，恐爲所怨。禹則謂上曰：「……災變之異深遠難見，故聖人罕言命，不語怪神。性與天道，自子貢之屬不得聞，何況淺見鄙儒之所言！陛下宜修政事以善應之，與下同其福，此經意……」上雅信愛禹，由此不疑王氏。後曲陽侯根及諸王子弟知禹言皆喜說，遂親就禹。

張禹所言乃張禹對成帝之私語，以張禹之嚴謹，王氏子弟得聞所言而悅，應是成帝說出。不過重點是張禹心中之盤算，班固何由知之？張禹子孫幼弱，或戒子孫勿得罪王氏子弟而已，不該連違心之策也詳告子孫。即便告訴子孫，此亦非光彩事，如之何洩於外人？何況此事如王氏子孫知曉實情，則張禹攏絡之效果如何尚有可疑，此蓋班固依事件之情理判斷推估而做全知觀點之想像論述。

由以上所舉之例，可知班固於歷史想像之運用，雖難能媲美馬遷，然亦頗有「繪聲繪影」、「見骨生象」之能。錢鍾書先生所謂：

> 班書刪削（鴻門之事，馬遷所載沛公、張良、項羽、樊噲等對答之「家人絮語」、「娓娓情語」、「詆諆相屬語」、「惶駭偶語」），或識記言之爲增飾，不妨略馬之所詳；謂之嚴謹，亦無傷耳。〔註22〕

恐未必得實。

第五節　《漢書》之美

方孝岳先生指出：

> 自來論者多以爲《史記》之後，《漢書》以詳贍見長，《三國志》以高簡見長。這種話實是皮相之談。難道司馬遷不能爲班固之詳贍嗎？難道班固不能爲陳壽之高簡嗎？其實他三人不過是各行其是罷了。

〔註23〕

〔註22〕見同註17，〈史記項羽本紀條〉，頁 276。
〔註23〕見《中國散駢文概論》（臺北：莊嚴出版社，1981 年），頁 69。

這種說法自亦有其道理。蓋《漢書》之以詳贍見長，這是當然的，因其歷史斷限比《史記》短，詳贍也就有點理所當然了。但前文所舉與詳贍相反之例，如〈魏其武安侯傳〉載「嬰守滎陽」一段，短短百字之文，《漢書》刪去三十餘字，既不嫌簡，亦不失馬遷原意，這表示他也可以做到高古簡潔。再比觀《史記‧滑稽列傳》中褚先生所補武帝時王生事與《漢書‧循吏‧龔遂傳》所敘王生事，前者冗蕪雜沓，後者潔淨高古，真有天淵之別。因此本節論《漢書》之美不從此處立說，而從藝術角度說明。

一、直敘其事的神靈活現

《漢書》敘事雖大體不如《史記》之生動，然亦自有可觀。如〈龔勝傳〉載勝為丞相王嘉辯護一段，先寫勝獨排眾議，繼寫辯論未果之情形：

> 日暮議者罷，明旦復會，左將軍（公孫祿）問勝：「君議無所據，今當奏上，宜何從？」勝曰：「將軍以勝議不可者，通劾之。」博士夏侯常見勝應祿不和，起至勝前謂曰：「宜如奏所言。」勝以手推常曰：「去！」

一句話，一個動作，即將夏侯勝正直剛烈之性情表見無餘，二千載後，不但還聽之有聲，也可感受他當日攘臂推拒的硬漢神采。又如〈雋不疑傳載〉：

> 始元五年，有一男子乘黃犢車，建黃旐，一黃襜褕，著黃冒，詣北闕，自謂衛太子。公車以聞，詔使公卿將軍二千石雜識視。長安中吏民聚觀者數萬人，右將軍勒兵闕下，以備非常。丞相御史中二千石至者並莫敢發言。京兆尹不疑後到，叱從吏收縛。或曰：「是非不可知，且安之。」不疑曰：「諸君何患於衛太子！昔蒯聵違命出奔，輒距而不納，《春秋》是之。衛太子得罪先帝，亡不即死，今來自詣，此罪人也。」遂送詔獄。

這件事牽涉到昭帝自身，處理起來格外困難。但昭帝（霍光）不在宮內辨識，卻先派公卿將軍二千石於北闕雜識視，結果反引起吏民圍觀，當人數愈來愈多，右將軍也就不得不勒兵闕下，以備非常了。且人的容貌隨年歲改易，尤其此等大事，誰敢一眼確定，所以公卿至者，沒有人敢吭聲。當時情況之僵持，氣氛之凝重，民議之紛紛，百官之疑懼，主上之驚恐，可以想見。及雋不疑到場，一聲吆喝，問題迎刃而解。相較之下，就突顯不疑的冷靜果斷。而一段對話，更說明不疑行事之依據，絕非膽大妄為，胡攪莽斷，並顯示讀書之有用。這就是班固手法之高妙處。

　　又如〈霍光傳〉載霍光廢昌邑王劉賀一段，也是極爲鮮明的例子。昭帝崩後，霍光因某郎上書，決定廢長（廣陵王）立少（昌邑王），及王賀行淫亂，心中早有廢昌邑王賀之見，但此事不好開口，也不知大臣反應，所以「獨以問所親故吏大司農田延年」。又問「今欲如是，於古嘗有此否？」當田延年引古說有，並回以「將軍若行此，亦漢之伊尹也」，霍光立刻採取行動，首先他以田延年給事中，接著與車騎將軍謀計，然後再召丞相以下外朝官會議未央宮。謀計當然包括要有人附議，要速議速決，有人反對時之狀況推演，但班固並不點破這些，只載「群臣皆驚鄂失色，莫敢發言，但唯唯而已」時，田延年離席按劍，先來一番義正辭嚴的宣告，再以「今日之議，不得旋踵，群臣後應者，臣請劍斬之」相要脅，然後再由霍光上場說一段謝罪的話，軟硬兼施，不言而喻。接者「光即與群臣俱見白太后，具陳昌邑王不可以承宗廟狀」，其後「詔禁門無內昌邑群臣」、「盡驅出昌邑群臣，置金馬門外」。召王，光與群臣聯名奏王，而奏王的一切罪過，鉅細靡遺，顯見霍光早將一切罪證蒐齊並早已備妥說辭。太后聽尙書令讀奏到一半，曰：「止，爲人臣子當悖亂如是邪？」「王離席伏，尙書令復讀曰」云云，更有鬆弛緊繃劇情之效用，而造成一種跌宕起伏之美。陳梓權〈漢書的文學價值〉也指出：

> 霍光先找老部下田延年、心腹將領張安世等預謀，見其周密謹愼，未報太后擅召群臣……聚議……見其專斷威懾；采用明禮暗兵、突然襲擊的辦法監擄了昌邑王，拘補了昌邑群臣，見其部置愼密得當，政治上謀略過人；皇太后威儀抑抑，實爲霍光外孫女，受他導演和支配；尙書令讀奏書，則是霍光爲首的當權派對皇帝的控告和宣判；霍光迫不及待，親自解脫昌邑王的璽綬，這個細節十分逼眞地表現他效忠漢室、秉先帝遺旨，態度堅決而驕橫，恰恰與送走昌邑王的時的卑恭、委婉陳辭、「涕泣而去」的舉止，構成鮮明的對照，含蓄地刻畫了他施弄權術、立而復廢昌邑王的複雜心情。〔註24〕

這些都可見班文的弦外之音與趣遠之味。

　　又如〈陳萬年傳〉寫陳萬年之「不能」云：

> 萬年廉平，內行修，然善事人，略遺外戚許、史，傾家自盡，尤事樂陵侯史高。丞相丙吉病，中二千石上謁問疾。遣家丞出謝，謝皆已去，萬年獨留，昏夜乃歸。及吉病甚，上自臨，問以大臣行能。

〔註24〕見陳梓權，〈漢書的文學價值〉，《中山大學學報》1982 年三期，頁 108。

> 吉薦于定國、杜延年及萬年。萬年竟代定國爲御史大夫，八歲病
> 卒。

班固不說萬年平庸無能，但寫他賄賂當權，並以候問丙吉之獨留，後竟因丙
吉之薦而代爲御史大夫。這與寫車千秋之以一語爲相，見笑於匈奴者有異曲
同工之妙。其下更著一事云：

> 萬年嘗病，召咸教戒於床下，語至夜半，咸睡，頭觸屏風。萬年大
> 怒，欲杖之，曰：「乃公教戒汝，汝反睡，不聽吾言，何也？」咸叩
> 頭謝曰：「具曉所言，大要教咸諂也。」萬年乃不復言。

此事家醜，夜半父子對語，誰能聞之，而班固寫來如親眼目擊其事，且話由
其子口中說出，則萬年平日教子之內容與其一生之守則大要可知，而萬年之
不復言，也說明乃子所言之不誣與萬年之默認。

　　一般言之，善文之史家，多能使用既可隱括一般，又可彰表特色，而極
能突顯歷史人物的點睛語或眼目辭。有名的如《史記》所載：陽翟「大賈人」
呂不韋，蓋不韋不獨賈貨、賈人、賈國、賈位，賈名（集門下客著《呂氏春
秋》），最後甚至賈禍致死。又如商君之法，張儀之舌，魏公子之客，李斯之
嘆，李廣之射，萬石之謹，樊、酈、藤、灌之從，淮陰之軍，季布之諾，汲
黯之直，鄭莊之舉，以及酷吏之「上以爲能」等〔註25〕，簡直美不勝收。而
班固《漢書》亦不乏其篇，除陳萬年之諂外，如蒯通之說、賈誼之策、東方
之謔，賈鄒枚路之疏、魯恭之館、蘇武之節、公孫賀之泣，張騫之鑿空、充
國之屯田、霍光之忠、丙吉之恩、王章之直、王莽之奸等也不可謂少，唯聲
色就稍遜了。

二、抽象具象之俱擅妙場

　　《漢書》描繪具體史事，其襲取《史記》者固無庸論，今僅以《漢書》
新立之傳或新增之資料說明之。〈霍光傳〉稱光爲人「沉靜詳審」，這句話是
虛寫，也就是說很抽象。於是班固輔之以實寫，也就是具體的刻畫。案武帝
死前請霍光以周公輔成王之古例，要他盡力協助昭帝，則其必有許多令人滿
意、信重的表現，但班固在簡單的交待了霍光的容貌之後，只選了兩件事來
描寫霍光。一件是「每出入下殿門，止進有常處，郎僕射竊識視之，不失尺

〔註25〕本段眼目辭或點睛語之說，係參考許冠三，《大（活）史學答問》，第十一章
　　　　〈史著撰〉（臺北：桂冠圖書公司，1996 年），頁 373～382。

寸」，班固特別指出「其資性端正如此」，而這是從霍光自身的行止，也就是其「自處」來觀察描述。此種行止，本是極平常之作為，但可用以突顯大有關係之人情形象。這就是章學誠所謂之「搜間（閑）傳神」，「文家之妙用」〔註 26〕。除章學誠所舉陳平之衡分社肉，李斯之欣羨倉鼠外，張儀之問舌，商君之投宿，張湯之劾鼠，及《通鑑》記謝安之「過戶限，不覺屐齒之折」等都是史書名例，而霍光此事，亦是一例。另一件是從霍光之待人處事，也就是「處他」來評估，〈傳〉中這樣記載：

> 初輔幼主，政自己出，天下想聞其風采。殿中嘗有怪，一夜群臣相驚，光召尚符璽郎，郎不肯授光。光欲奪之，郎按劍曰：「臣頭可得，璽不可得也！」光甚誼之。明日，詔增此郎秩二等。眾庶莫不多光。

班固特別挑明，這是霍光「初輔幼主」，天下人透過傳聞，想像他的風采，而他也不負眾望的解決了一個難題。而在群臣危疑相驚中，霍光他事不為，卻去搶符璽，這一點做得很對。蓋漢自高祖得始皇璽，即世世傳授，而號稱「漢傳國璽」，連王莽既篡位之後，還想盡辦法要取得這一方國璽，其象徵之意義可知〔註 27〕。可是當尚符璽郎堅拒之後，霍光發現此璽大概也不致外落，於是不但不加罪尚符璽郎反下詔嘉獎他。由此可見霍光不只是忠心而已，更有深思熟慮之機智。而班固對霍光「沉靜詳審」的虛寫，也在此獲得具象化的證實。

又如〈游俠·原涉傳〉，班固先以虛筆云：「涉性略似郭解，外溫仁謙遜，而內隱好殺。睚眥於塵中，觸死者甚多」。其下以實筆提寫極具代表性的一段是非：

> 故茂陵令尹公壞涉塚舍者為建（更始西屏將軍申屠建）主簿，涉本不怨也。涉從建所出，尹公故遮拜涉，謂曰：「易世矣，宜勿復相怨！」
> 涉曰：「尹君，何壹魚肉涉也！」。涉用是怒，使客刺殺主簿。

短短數語中，故事、人物、情節、對話，俐落而具體的突顯了原涉內隱好殺之性格。又如〈酷吏·嚴延年傳〉載延年為涿郡太守，先說涿郡之難治，而後顯延年之能。而涿郡之難治乃層層升言之：先言「時郡比得不能太守，畢

〔註 26〕章學誠云：「陳平佐漢，志見社肉，李斯亡秦，兆端廁鼠。推微知著，固相士之玄機：搜間傳神，亦文家之妙用也」。見《文史通義·內篇五·古文十弊》（臺北：里仁書局，1984 年），頁 507。另見前註，頁 382。

〔註 27〕見《漢書·元后傳》。

野白等由是廢亂」；次言自郡吏以下皆畏避大姓西高氏、東高氏，「莫敢與忤」，並於「寧負二千石，無負豪大家」前著「咸曰」二字，以示情況之嚴重；次言「賓客放爲盜賊，發，輒入高氏，吏不敢追」；終言「浸浸日多，道路張弓拔刃，然後敢行」。短短的幾筆，不只說明了廢亂不治的原因與積重之經過，更突顯了廢亂之極的情形。其下從反面言延年之治能：「先遣掾吏按高氏得其死罪」。次言掾吏依違大姓與郡守之間，延年發覺，「即收送獄」，並且「夜入，晨將至（帶往）市論殺之，先所按者死」，於是「吏皆股弁」。這樣一來，郡吏再也不敢騎牆欺瞞，必須冒死靠邊站。至此，延年乃「更遣吏分考兩高，窮竟其姦，誅殺各數十人」。最後班固以虛筆做一總結，謂「郡中震恐，道不拾遺」，而結束一段層次分明，高潮迭起的記述。而所謂「得其死罪」、「窮竟其姦」云云，可謂「句中有句」、「句外有句」，蓋其罪、其姦已在廢亂積重的過程中展示，故無庸贅言。

〈酷吏‧尹賞傳〉也是採用類似手法，先言長安治安敗壞之田地，再言尹賞之治能。但此所述又別是一味，其言曰：

> 永始、元延間，上怠於政，貴戚驕恣，紅陽長仲兄弟交通輕俠，藏匿亡命。而北地大豪浩商等報怨，殺義渠長妻子人，往來長安中。丞相御史遣掾求逐黨與，詔書召補，久之乃得。長安中姦滑浸多，閭里少年群輩殺吏，受賕報仇，相與探丸爲彈，得赤丸者斫武吏；得黑丸者斫文吏，白者主治喪；城中薄暮塵起，剽劫行者，死傷橫道，枹鼓不絕。

此段敘述，可見班固沒爲漢家隱瞞什麼。其所舉事例，說的是上樑不正下樑歪，與一種幾乎無政府的狀態。而非常之沉痾，必待非常之手段。故其下敘述尹賞之殺戮舉措，也令「道路欷歔」，千載下讀來，猶有陰森恐怖之感。

敘史之難，於時間言之有二，一曰用細筆鋪寫瞬間之事實，如「鴻門之宴」、「垓下之敗」；一曰用略筆勾勒一長時段之完整過程，如「延年治涿」、「尹賞治長安」等，整個故事的敘述，有緊湊的步調，完整之劇情，與迭現之高潮，這就是史家之所難能，而馬遷能之、班固亦能之。

《漢書》不只有實寫之美，虛寫亦有可觀，茲在再舉〈嚴延年傳〉論之。嚴延年傳云：

> 延年爲人短小精悍，敏捷於事，雖子貢、冉有通藝於政事，不能絕也。吏忠盡節者，厚遇之如骨肉，皆親鄉之，出身不顧，以是治下

> 無隱情。然疾惡泰甚，中傷者，尤巧爲獄文，善史書，所欲誅殺，
> 奏成於手，中主簿親近史不得聞知。奏可論死，奄忽如神。冬月，
> 傳屬縣囚，會論府上，流血數里，河南號爲「屠伯」。令行禁止，郡
> 中正清。

短短數語，語語簡要，而延年之形體、吏材、政藝、性格、作風已躍然紙上。而其中所帶「等級」、「比較」之描述，如政事能力「不下於子貢、冉有」；厚遇下「如骨肉」；治下「無隱情」；「善史書，奏成於手」；「中主簿親近史」不得聞知；奏可論死「奄忽如神」；流血數里，號爲「屠伯（霸）」，更使人一目了然，史書中對「程度」之精采描繪與善於較論，此亦可謂一絕了。

三、營情造境之美感天地

司馬遷善於營造悲壯氛圍，如垓下之困一段，寫四面楚歌之下，項王之悲歌慷慨、泣下，其後之破軍、殺將、搴旗與自裁，使人有一股壯烈卻又荒涼；滄桑外帶淒迷的感受。又如漢高還沛置酒一段，寫高祖盡滅諸功臣後的淒涼感傷，所營造的則是一種終極成就的快樂與寂寞孤獨的情愫，此所以高祖於酒酣高歌起舞之後，繼之以慷慨傷懷，泣下數行。

班固於〈項羽傳〉與〈高祖紀〉自然襲其筆法。而其自創之境則亦一二見。如〈蘇武傳〉載李陵置酒賀蘇武一段即是。原來昭帝時匈奴與漢和親，漢家要求交還蘇武等人，在單于有意放人之後，李陵擺下酒席爲蘇武餞行。在此班固不寫酒色榮餚，卻先寫李陵的賀語：

> 今足下還歸，揚名匈奴，功顯於漢室，雖古竹帛所載，丹青所畫，
> 何以過子卿！

然後再言自己之過去也跟蘇武一樣，言下有「誰無雄心壯志」之意：

> 陵雖駑怯，令漢且貰陵罪，全其老母，使得憤大辱之積志，庶幾乎
> 曹柯之盟，此陵宿昔之所不忘也。

其借用曹柯之盟，更說明自己之忠心耿耿，欲等待機會，有所報效國家，其下接言境遇不同，自己今朝落魄：

> 收陵家族，爲世大戮，陵尚復何顧乎？已矣！令子卿知吾心耳。異
> 域之人，壹別長絕！

言下有漢家誤解自己，辜負自己之意。而自古傷心只與知己道，從此你過你的快活日子，我則終古兮長絕異域！這樣的氛圍已夠令人鼻酸。但班固不寫一句蘇武安慰李陵的話，蓋在這種情況下，何言可慰，只有讓李陵一吐胸中

塊壘，才是最適當的選擇。而李陵宣吐之不足不盡，則繼之以舞、以歌、以泣、以訣，於是悲情達到了極致。而這些地方，班書是不遜於遷史的。

四、對話應用之恰當生動

對話的運用有時可增加史著的趣味性與可讀性，當然這需要在不違背史實之情況下為之。〈朱雲傳〉載朱雲勸成帝殺張禹一事，先表顯張禹地位之崇高曰：「丞相故安昌侯張禹以帝師位特進，甚尊重」，以見其不可殺、不可犯。其下言雲上書見，班固又特捕筆曰：「公卿在前」，以示人地不宜。但朱雲卻當著公卿朝臣的面前奏言（要殺張禹）：

> 今朝廷大臣上不能匡主，下無以益民，皆尸位素餐，孔子所謂『鄙
> 夫不可與事君』，『苟患失之，亡所不至者也』。臣願賜尚方斬馬劍，
> 斷佞臣一人以厲其餘。

引述朱的話，是在突顯朱雲用語之激切，云「皆尸位素餐」，見流彈之四射朝臣；引孔言之「無所不至」，見朝臣之品惡至極。而接著上言，班固插進「上問：誰也？」一句以造成懸疑。朱雲對是「安昌侯張禹」之後，上大怒曰：

> 小臣居下訕上，廷辱師傅，罪死不赦。

此語可見成帝之「未審先判」而且是「極刑」，並且表示「決不寬恕」之意。於是「御史將雲下，雲攀殿檻，檻折」，可見情勢危急，一發不可收拾。朱雲死命拉住殿檻，而御史亦死命的要拉走他，才會「檻折」。雲又呼曰：

> 臣得下從龍逢、比干遊於地下，足矣！未知聖朝何如耳？

見朱雲對朝廷一片和稀泥之改革企盼與自身的視死如歸。接著，「御史遂將雲去」，班固特寫左將軍之諫止：「左將軍辛慶忌免冠解印綬，叩頭殿下」，這不僅可見事態之嚴重，也突顯辛慶忌之義氣。而慶忌「兩面光」之言：

> 此臣素著狂直於世。使其言是，不可誅；其言非，固當容之。臣敢
> 以死爭。

更是高度智慧與勇氣的表現。所以在「慶忌叩頭流血」之後，「上意解，然後得已」。「及後當治檻，上曰：『勿易！因而輯之，以旌直臣。』」而綜觀上述朱雲、成帝、御史、辛慶忌諸人之言辭、音聲、行貌，無不鮮明生動，各如其分之所當發，其餘朝臣雖無一語之發，而驚鄂之情，亦已表露無遺了。

又如〈鄭崇傳〉載鄭崇因諫董賢貴寵過度，因此得罪成帝，又數以職事見譴。及尚書令趙昌害崇告姦請治，成帝問崇：「君門如市人，何以欲禁切主上？」崇對曰：「臣門如市，臣心如水。願得考覆」。〈孫寶傳〉載，御史大夫

張忠辟寶爲屬，欲令授子經，更爲除舍，寶自劾去，及後署寶爲主簿，寶徙入舍，祭灶請比鄰。於是張忠請所親問寶：

> 前大夫爲君設除大舍，子自劾去者，欲爲高節也。今兩府高士俗不爲主簿，子既爲之，徙舍甚說，何前後不相副也？

寶曰：

> 高士不爲主簿，而大夫君以寶爲可，一府莫言非，士安得獨自高？前日君男欲學文，而移寶自近。禮有來學，義無往教；道不可詘，身詘何傷？且不遭者可無不爲，況主簿乎？

又如〈薛廣德傳〉載廣德爲御史大夫，直言諫爭。漢宣帝酎祭宗廟，出便門，欲御樓船，班固著數人之對話：

> 廣德當乘輿車，免冠頓首曰：「宜從橋。」詔曰：「大夫冠。」廣德曰：「陛下不聽臣，臣自刎，以血污車輪，陛下不得入廟矣！」上不說，先驅光祿大夫張猛進曰：「臣聞主聖臣直。乘船危，就橋安，聖主不乘危。御史大夫言可聽。」上曰：「曉人不當如是邪！」乃從橋。

薛廣德動作之激切（有幾頂烏紗可脫？）、言辭之無餘、宣帝之忍讓與從善、張猛之能調善導，透過一兩句對話，便表露無遺，而當日君臣一時之相處，便神氣活現的展演在吾人之眼前了。

五、稱官繁辭之古雅可親

《漢書》之美多矣，「稱官」亦是一端。洪邁《容齋續筆》，卷第十云：

> 漢官名既古雅，故書於史者，皆可誦味。如「朝臣斷斷不可光祿勳」，「誰可以爲御史大夫者」，「御史大夫言可聽」，「郎中令善愧人」，「丞相議不可用」，「太尉不足與計」，「大將軍尊貴誠重」，「大將軍有揖客」，「京兆尹可立得」，「大夫乘私車來邪」，「天官丞日晏不來」，「謝田大夫曉大司農」，「大司馬欲用是忿恨」，「後將軍數畫軍策」，「光祿大夫、太中大夫者艾二人以老病罷」，「駙馬都尉安所受此語」之類。又如所書路中大夫、韓御史大夫、叔孫太傅、鄭尚書、鮑司隸、趙將軍、張廷尉，亦燁然有法。

案西京之官稱，自非班固所制定，然將官名牽合行事，卻是班固獨步的書法，因爲當時話語必不如此，這只要對照《史記》一書，就可思過半了。班固此種書法，造成了君臣或同僚之間一種溫文謙讓，儒雅可親，文質彬彬，進退

以禮的朝廷風雅氣象，即使如夏侯勝之憤言：「將軍以勝議不合者，通劾之」，亦義正詞莊，此乃他書所無法展現的神韻（這可能與班固不少篇章成於章帝之時有關。蓋章帝之儒雅所造成的朝廷氣象，最有此可能也）。范曄的《後漢書》中，此種情形就已不多見了。

　　《漢書》用字不獨能省，即繁複用之，亦非他人所易及。洪邁《容齋隨筆》，卷第七〈漢書用字〉條云：

> 〈溝洫志〉載賈讓治河策云：「河從河內北至黎陽爲石隄，激使東抵東郡平剛；又爲石隄，使西北抵黎陽、觀下；又爲石隄，使東北抵東郡津北；又爲石隄，使西北抵魏郡昭陽；又爲石隄，激使東北。百餘里間，河再西三東。」凡五用石隄字，而不爲冗複，非後人筆墨畦徑所能到也。

其言誠是。而〈地理志〉描繪粵南云：

> 自日南障塞、徐聞、合浦船行可五月有都元國；又船行可四月，有邑盧沒國；又船行可二十餘日，有諶離國；步行可十餘日，有夫甘都盧國。自夫甘都盧國船行可二月餘，有黃支國，民俗略與珠崖相類。……

七十七字中，凡四用船行、一用步行以示距離之遠近，亦不顯其冗沓，反有親切之感。基本上，不論何種文體，用辭的新穎與豐富，應是一致的要求，否則文章便顯得陳腐與枯弱。唐朝崔顥〈黃鶴樓〉詩三用黃鶴一辭，李白〈登金陵鳳凰臺〉詩亦三取鳳凰之意，如果此二詩非自然天成，而成千古絕唱，即成枯弱淺薄之詩家大病了。明乎此，也就可以體會班固三番五次重出其詞，而無纖弱之病之匪易了。

六、音聲節奏之朗暢如流

　　昔洪邁嘗云：「班固著《漢書》，制作之工，如英、莖、咸、韶，音節超詣，後之爲史者，莫能及其髣髴，可謂盡善矣。」〔註28〕所言雖顯稍誇，卻也指出《漢書》具有音節之美的一項特長。吾師李威熊先生所云：

> 音調和諧，是文章美的要素之一。因行文抑揚頓挫有致，則可涵詠而得其韻味，所以古人作文章，對音調甚爲講究，如漢賦、六朝駢文，無不工於音律。在《漢書》中除一些表和〈地理志〉、〈藝文志〉

〔註28〕見《容齋隨筆‧三筆卷第二》，〈後漢書載班固文〉條。

之類無音節可誦外（案：指本文，不包序贊），其他十之八九皆可成誦，就像〈食貨志〉、〈郊祀志〉亦並音節可通，毫不蹇礙。其紀傳後之贊與〈兩都賦〉後之〈明堂詩〉、〈靈臺詩〉尤爲雅暢和諧，是班固文中音節最佳的地方。〔註29〕

分判尤明。試觀〈惠帝紀〉贊：

孝惠內修親親，外禮宰相，優寵齊悼、趙隱，恩敬篤矣。聞叔孫通之諫則懼然，納曹相國之對而心說，可謂寬仁之主。遭呂太后虧損至德，悲夫！

〈百官公卿表〉序：

《書》載唐虞之際，命羲和四子，順天文，授民時；咨四岳，以舉賢材，揚側陋；十有二牧，柔遠能邇；禹作司空，平水土；棄作后稷，播百穀；契作司徒，敷五教；咎繇作士，正五刑；垂作共工，利器用；益作朕虞，育草木鳥獸；伯夷作秩宗，典三禮；夔典樂，和神人；龍作納言，出入帝命。夏、殷亡聞焉，周官則備矣。

〈西域傳〉贊：

孝武之世，圖制匈奴，患其兼從西國，結黨南羌，乃表河西，列四郡，開玉門，通西域，以斷匈奴右臂，隔決南羌、月支。單于失援，由是遠遁，而幕南無王庭。

等，確實無不「音節協調，有助誦讀」，至於〈敘傳〉所列各篇小序就更不用說了。

　　案音節是自然內在的格律，一篇文章藉由音聲的抑揚頓挫與節奏舒緩短促，不但可以展現情緒的昂揚抑鬱，也可表達情志或情趣之高低強弱，這就是所謂的「辭氣」。班固行文不但通順，而且多數辭暢氣流，就是罵人，班固也罵得有序有理，有聲有色。〈王莽傳〉贊云：

王莽起始外戚，折節力行，以要名譽，宗族稱孝，師友歸仁。及其居位輔政，成、哀之際，勤勞國家，直道而行，動見稱述。……及其竊位南面……乃始恣睢，奮其威詐，滔天虐民，窮凶極惡，毒流諸夏，亂延蠻貉，猶未足逞其欲焉。是以四海之內，囂然喪其樂生之心，中外憤怨，遠近俱發，城池不守，支體分裂，遂令天下城邑

〔註29〕見李師威熊，《漢書導讀》（臺北：文史哲出版社，1977 年），頁 64。本文因論《漢書》之美，故不舉明堂詩爲例。

為虛，丘壟發掘，害遍生民，辜及朽骨，自書傳所載亂臣賊子無道
之人，考其禍敗，未有如莽之甚者也。

昔秦燔《詩》、《書》以立私議，莽誦《六藝》以文姦言，同歸殊途，
俱用滅亡，皆炕龍絕氣，非命之運，紫色聲，餘分閏位，聖王之驅
除云爾！

這段文字先說王莽之要名，達到宗族稱孝，師友歸仁的賢人君子之標準以及
勤勞國家，直道而行的國輔直臣之地步，然後再予以最嚴厲之批判，罵他是
歷史之絕大罪人，百姓之超級禍害。不但如此，連僅有的一點膽餘價值（聖
王之驅除）也淋漓盡致的加以發揮。至其宰割聲調方面，更是抑揚頓挫，鏗
鏘悅耳，口吻利調，聲氣如流。文之至此，真可謂至矣。

不過「總體而言」，《漢書》雖有音節、駢偶，詳贍之勝，至其開闔抑揚，
縱橫變化之結構；雄奇沈鬱，磊落激昂之風格；跌宕盤桓，古雅可親之神韻；
強烈概括，形象鮮明之描繪，則猶遜乎《史記》。

第九章 結 論

第一節 《漢書》可否視爲班固一家言之問題

　　史家所寫的歷史跨越數千、百年，既不能超越時空，回到過去；又不能起古人於地下一一垂詢，爲了完成史著，自當有本、有據。班固寫西京一代的歷史，而馬遷在前，自然取擇最具權威的史作，以爲重疊年代的張本。至於劉知幾所稱劉向、歆父子及諸好事者如馮商等，皆曾綴集時事，接續《太史公書》。班固取資這些「時事」，以爲史料，以著《漢書》，實符合史著的撰述方法。而這些人所集時事語多鄙俗，且篇章寡少，未能成書，自不能與班固的《漢書》相提並論。向、歆父子，縱然有稍涉漢事的書傳，但其志本不在續史。至於班彪的著史精神，容或爲班固所繼承，但班固大抵皆有所深化發展。《漢書》的體制規模應該說是創自班固而非班彪，因爲班彪之《後傳》未涉表、志不說，就是他廢世家之主張，實亦不成其爲理由。《漢書》的體制必待班固的深思發凡，而後始成其宏綱巨構。班彪又有《後傳》數十篇爲班固所繼承，此於史著，又是父子相承，自然無可非議，因爲彪、固譏評司馬遷「論學術」、「序貨殖」、「道游俠」三事時，也是將談、遷父子之說，「理所當然的視爲一體」。至於與班固並時的楊終，他在白虎觀會議後，始奉詔刪《太史公書》爲十餘萬言，當時《漢書》已近完成，不勞楊終刪《史記》以助之。傅毅校書蘭臺之時，已是建初（76～83 年）中，而班固之漢書在建初中已完成。劉復與賈逵的共述漢史，乃是由劉復領銜，爲明帝「講論」漢事，與固之「著史」無有牽涉。

　　班固完成《漢書》之後，於情理、於事實，都應已上陳朝廷，最可能的

時間應該在章帝建初七年（82 年）至元和元年（84 年）這三年之中，而且一發表便價重士林。

不過，班固在著史的最後幾年，應酬增多，活動繁忙，升任玄武司馬後，離開了蘭臺，所以一些篇章恐怕不是很完備，而有加以修訂之必要，這就是所謂〈七表〉與〈天文志〉未及竟的問題。依現存資料與事理看，最後是奉詔的班昭修訂校補了〈七表〉，而馬續則完成了〈天文志〉的補校。但〈七表〉與〈天文志〉之精神與義蘊已完成於班固之手，而〈表、志〉的內容，多史料之蒐集整理，對歷史哲學言，並沒有關鍵性的影響。因之，整體而言，《漢書》仍可視爲班固的一家之作，就歷史哲學言，也可以說是班固的歷史哲學。

第二節　《漢書》之成書及其所受限制與發展之問題

《漢書》爲何成於班固之手，而非他人？此乃一因緣際會，亦是一歷史的必然。馬遷之後，續貂者不斷，典範在前，不能衝破格局者，就不能成一家之言。班固之時既有前人不斷的續史，其祖上又有顯赫的身世，與宮廷有所接觸，對朝廷之事也就常得聽聞。加上家有賜書，有朋自遠方來，父親有數十篇的後傳，適逢明、章、馬后之好史，加以他宦途的挫折，只好承接父書續撰。而漢家給他一個好的機會，值王莽之篡滅興亡，時代有個頭尾，又當光武、明、章三代盛世。這一切機緣的聚集，累積成一股強大的社會力，班固爲之宣洩，實乃時代的心靈之聲。是以《漢書》一出，學者莫不諷誦。這些背景，決定了《漢書》的有無或是面世的能否，此乃「史著產生」的問題。至於史著的內容則與時代氛圍與文化情境有關。光武明章所表現的時代氛圍，是從光武的理性雍容與內斂嚴察，匯歸爲明帝的理性察察，再激盪轉折而爲章帝的長者之風。學術方面，儒學地位益加鞏固，光武成學，明帝行禮，章帝親講，整個政府爲士人所據，且東京初葉三朝特重尙書，讖緯勃興，陰陽五行之說，甚囂於塵上。司馬遷的《史記》自然影響《漢書》之體例，但「時代氛圍」、「儒士政府」與「陰陽讖緯」這三者影響《漢書》的內容尤深。

成爲典範的《史記》在前，班固有必須面對與被相互比較之焦慮，也有與之相提並論之榮寵。爲此，他變通史爲斷代，並在篇章內容上做了調整補充，當然不同的安排，也包含了重新解釋的意思。儒學與陰陽讖緯方面，他

銷融其中，跟著時代的感覺走，沒有受到任何之衝盪與壓力。對於明帝的察察，他心存謹慎，小心應對，但亦有史家之堅持。撰述情感上，他死裡逃生，繞過（司馬遷是通過）死生，歷劫歸來，並受詔著書，二朝盛世，家給人和，這些使得他對漢家存有一分好感，也就較能心平氣和的撰述《漢書》。運之淑世，史公每每希望以非常手段，對抗社會之不公，故崇游俠而尚貨殖；班固則多期待從制度面改革，故重秩序，而尊禮樂。這是他異於司馬遷的地方。

第三節　《漢書》之基本理念與撰述立場之問題

由史家筆下所尊的「歷史權勢人物」，可以判定那一類人，最為史家所欽仰，史家的中心思想也由此可得而見。從《漢書》對學術流派的敬意看，儒家學派最尊；從對先漢人物之等第安排看，儒家之聖賢居前；從類傳人物之先後順序看，儒林人物居先，故就歷史之權勢人物觀察，班固是立場儒學而以儒家思想為中心的。

其次從治國理念的表述看，班固提倡仁政王道、稽古禮文，主張廣親親、繼絕世而存亡國。從典章制度看，代表漢家典制的〈十志〉，所引據以立論的，亦都是《五經》之言、孔聖之說。這也說明班固是立場儒學而以儒家思想為中心的。

至於班固所抱持的處世原則，因受時代環境與自身特殊經歷的影響，而認為人生世間畢竟不能如山林之士的往而不返，隱於林泉，終了一生。但要道濟天下，展用於世，也該直道而行，不可苟合取容，寅緣攀附。如果環境與時勢不容，便該知足知止，急流勇退，不可懷祿耽寵而辱名傷身。如果情況失控，求生既不得，求退亦不能，則只有守死善道，贏得清譽。或有當仁不讓，則唯盡義求仁；如有一線可攀，終需求全身命。他更認為處世是一種智慧，一個真正有智慧的人，不僅善立名跡，終始可述，更不會輕易的讓自己陷入險境。班固處世的原則如此，故能體會歷史的艱難，對歷史人物不獨以道德判斷，也能以歷史判斷。不過可惜的是，班固申言明哲保身，卻腐化於權力之大蠹，智及之而不能守之，與韓非之著〈說難〉而不得自脫，同堪一笑。

著史的客觀意識方面，經由深入的考察可知，徐復觀先生所舉班固為尊漢所為之齷齪事例，恐不能成立。從〈司馬遷傳〉錄〈報任少卿書〉，〈李陵

傳〉錄司馬遷爲陵辯解之言，可見對最敏感的話題，他都給司馬遷與李陵以充分說話的機會，這顯示他能抗壓。從論贊及敘事中，也可以發現，班固不因人廢言，亦不以人掩過，依體析事，據理敘史，有時甚至違反了漢家之成制與利益。至於班固的撰述立場，則不論從「全史」與「我朝」的觀點；「理想」與「現實」的比較；「集體」與「個體」的對照及「體用關係」的解讀，表面觀之，都有或多或少偏於漢家的傾向。但深究之，則見其或據實撰述，或深慮事變，或尊其可尊，或寄其理想。換言之，在拆解其欣漢的「色彩」及「意識形態」之後，仍可看出他客觀面對史事之意識與道德。

第四節　《漢書》歷史選擇與歷史解釋之問題

提及《漢書》的歷史選擇與歷史解釋，必先言及《漢書》之史料來源。而《漢書》材料明顯的來源有三：其一是漢王朝之內外藏書，當然也包括了《太史公書》、諸續《太史公書》之作及其父之《後傳》。其二是漢王朝保存的檔案資料。其三則是班固接聞或親見之當代史事。至於班固對史料之考證，則或比對史料，或依據事理，或參以民間傳說；對於不知之史事則予闕置，對於可疑之史事，則疑以傳疑。總體言之，他對於史料考證的態度可稱嚴謹，但亦不能無失。從《漢書》所見選擇史實的衡量標準看，有以事件之重要見錄者，有以可垂法後世見錄者；有以可示戒後世見錄者；有以事物之特殊性與新穎性見錄者，有以突顯歷史之眞理正義見錄者。其中尤以最後一點最見特色。蓋《漢書》多錄有用之文，而此等有用之文或補現歷史眞實；或展示決策過程，或保存體國經野之論；或章顯歷史責任；或明權勢人物成長的時機與方法；或填補人間正義的缺口，這些都有其特殊的意義，也可見班氏著史的用心。當然，有時他增刪史料，也有毫無意義或成規的時候，但僅一二見而已。不過，總體而言，其著述尙能如實的反應西京的時代與社會。

班固解釋歷史，或採因果解釋；或採歷時之發生解釋；或採融「爲何」與「如何」於一爐的融通解釋；或對若干史事重加定位；給于一總結的判斷；亦有以演繹、歸納之方法解釋者。他也重視歷史中的偶然因素，但對人事偶然（亦有其當然處），較之對天地自然以人事影響之偶然（絕對之偶然）尤爲重視。至於他的歷史假設，或如實記載歷史人物對歷史事件之可能研判；或直接引述前人的歷史假設；或直接做歷史假設。而三者之中，以後者最能顯見他的理想願景與歷史之危機感。

第五節　《漢書》天人與通變思想之問題

　　班固的天人思想，大要可分天文系統與五行系統來觀察，天文系統的天人感應之說，乃直承司馬遷而來，其最根處的源頭爲《易》；五行系統的災異感應之說的源頭，則爲《周易》與《尚書》之〈洪範〉，《春秋》爲其實證比附之所寄，董仲舒、劉向、歆父子及眭、兩夏侯、京、翼、李等則是其取經處。比起《史記》，《漢書》〈天文志〉鱗雜米鹽，理論顯得貧乏；但班固自創的〈五行志〉則內容充實，也對於陰陽災異有著根底的執信。但在天人關係的「操作上」，他的態度趨於保守且帶有批判性。在神鬼方面，他反對爲追求健康、長壽、成仙、求嗣而過度地祭祀與過度地投入，並主張薄葬。天命方面，他承認歷史有時往往有出人意外的表現，而際遇爲其中的重大因素；從「歷史之於人」看，他認爲歷史「有時」有必然的渦漩——「運」，亦即歷史終將如此走過，人無所逃於此一渦漩，但又主張人應該有所努力，以消解此一渦漩，這就有矛盾存在了。他又言「天命」，這是理性的註定，而且只針對「天統」言，符合天命天統者始可創業垂統，開基一代（當然，這其中亦有人爲者在，總不能躺著得天下吧！）從「人之於歷史」言，人有時「不當成功」卻「意外成功」，此之謂「遇時」或「得時」；應當成功，卻意外不成功，此之謂「不遇」或「不得時」，亦謂之「命」。面對歷史，更多的時候，班固高唱天道福善禍淫，垂示人生價值；面對自身，他慨嘆報應多爽，福禍無憑。但他相信，此爽失無憑恐因天道之幽微而探查難周，因爲人類父子相傳，本世百支，及身而論，未免「短視」。實則天道輔誠，只須依五經聖人之言，順天性而斷之以義，則精誠所至，金石爲開。如此，既不染於流俗，則庶幾神道之幾微，而入於神明之域，就能通幽明之變，識性命之理了。在此，歷史最幽深不可知的機轉、最無奈不知何故的痛苦，乃可得到圓融的消解，人生之價值與努力之意義亦獲證立。只是班固的整個天人觀，雖大體有其系統，也顯有其漏洞，而不如史公掃蕩一切，歸於盡人事之處，來得通透。

　　有關歷史變遷的課題，在馬遷之後，也爲班固及當時之儒者所重視。而班固探察歷史變遷的目的，就事件言是在知所缺失與提出對策。以全史言，是爲時代或歷史尋找出路。其方法首在擴大終始斷限，其次則究其終始本末，強弱之變，最後明其分合，備其變理。至其究觀歷史變遷之內涵，於禮政之變，則以爲質文世有損益，以承衰救敝；於事物之變，則以爲物勝而衰，即其變理。這些說法，基本上未超出馬遷所論之範圍。就歷史轉折之關鍵言，

班固給予兩組解釋，一是勢，一是命。勢是一種處境、力量、發展與必然之走向。勢之建立，勢之發展，繫乎人為。命則是無可如何的轉變。物盛而衰，雖是人謀，究其實，仍是命。人所能為，在於避免趨近那個反轉之臨界點而已。至於如何對治此勢、此命，他主張首須與時俱變，順勢而為；其次則本《易經》之〈謙卦〉，強調持敬修身，以守禮遠禍。

第六節　《漢書》經世思想之問題

　　班固的政治思想最突出者，厥為他對漢家統治權的「正當化」觀念。司馬遷敘顓頊以下諸古帝王至嬴秦乃至項羽，無一不是黃帝或堯舜之後，唯獨劉氏則非。而得天下者或以力或以德，邦又無力、無德而有天下，故其缺乏正當性也屬必然。漢既不正當，漢家公務員豈能正當？《漢書》豈能正當？故班氏力言劉氏堯後，以明有天下之應然與當然。其次則提漢「收孤秦之弊，鑴金石者難為功，摧枯朽者易為力，其勢然也」，以對治馬遷暗譏漢家之僥倖得天下。此二者皆能針對問題。

　　班固對君權之起源與王道之觀念，亦理念清楚而有人文關懷之價值。他主張一國兩制——封建郡國並行。封建方面，同意諸侯不可過制，但也應稍存其力，以備緩急。他反對封爵之濫，無功而侯，而認為對功臣及殷周之後應繼絕世、存亡國。於郡國官僚，他提出良吏之條件，化民之方，富民之道，以及對官僚的管理等，但皆鬆散難成體系。

　　班固的刑法思想是豐富的。在法理意識方面他說明了刑的必要與作用，在理論上雖有瑕疵，但仍可謂有所建樹。在刑法理念方面，他主張刪定律令，減少模糊地帶，強調「罪刑相當」以及「罪刑法定」兩大原則，要求慎重審判及注意「責任能力」，反對株連。在犯罪原理方面，班固認為禮制未立、刑法不明（刑度不當）、百姓窮困、豪傑務私，致破案率低及執法不公，是造成刑獄增加的五大原因。以當時尚未有研究犯罪學之機制言，班固能從社會觀點分析，見解可謂不凡。最後，他雖承認人類不存在沒有犯罪的時代，但更譏評君王的不當株連，痛批臣僚的玩弄法律，而在無可奈何的專制體制下，他衷心的希望上位者，能體恤蒼生，詳審刑獄，給百姓帶來「正義」的幸福。而他對生命最深層的熱愛與關懷，也在此做了無遮的展現。

　　班固的經濟思想，主要展現在〈食貨志〉及〈貨殖傳〉，而〈食貨志〉號稱中國第一部經濟史，但哲學性的理論稀見。自光武建武十六年（40　年）至

明帝永平十八年（75 年），此數十年中的經營與安定，使東漢帝國，吏稱其官，民安其業，遠近肅服，戶口滋殖。但班固對西京還是充滿感慨之辭者，一則社會漸趨奢華靡濫，盛衰逆轉的陰影又有開始籠罩帝國之跡象；二則個人生活與富庶社會曾有過極大的差距。因此他對土地、糧食、貨幣與農商矛盾等問題，多所關注，並提出解決之道。

　　土地方面，有集中與兼併之**趨勢**，但他心目中的井田制去古久遠，加以私田制也能創出輝煌的光武、明、章治世，所以他對西京田制沒有強烈的批評，只有對財富集中的不滿與井田的心嚮往之。糧食方面，深耕力作，固是解決問題之第一要務，但時難年荒也是常有的事，於此他主張分多益少，互通有無，由國家收購或釋出，但在操作上務必手腕靈活，一切以利民便民為原則。貨幣方面，他主張不要經常變動幣值，反對無限量發行貨幣，以使「貨」、「幣」維持一定的等值關係，並以方便流通為原則。農商矛盾方面，有三大問題，一是公平問題，亦即勞力付出與享受不對等的問題。二是貧富差距問題。三是職業問題。於此班固從分配的平均出發，主張衷多益寡，柹遷有無；生產方面主張四民各盡其力，但要專一其業；消費享受方面，則從階級觀點出發，一切以社會地位為相對之依據，以為不如此，社會恐將墮落、惡化到一種「不公不穩」的狀況。只是班固雖有改革之聲，但當章帝「問以改禮制之宜」的時候，他卻退縮了，所以他的理想，亦不過「書生之見」而已。

第七節　《漢書》文藝思想之問題

　　文士在班固眼中，頂多只是三流人物。且文人之價值，終須於效命朝廷之中才能突顯。也因此在班固的文章中，不易找到批判漢家的話語，有的只是歌頌與幾乎「微不見意」的諷諫。不過班固的史筆與文心是極不一致的。在史著中，他絕對有他的堅持與理念。文人既須效命於朝廷，見納於時君，因此他要求「賦」應該有「諷喻」、「諷諫」的作用，並應歌頌朝廷功德，他也認為賦作可以判風俗之厚薄，知國勢之盛衰。對文章的要求方面，他認為文章要辭藻優美，說理暢達，用語典雅，合於古道。內容方面則要求符合事實。他本身也有歌頌朝廷功德之作，而其言雖誇，亦有幾分真實性，即使亦有「言過其實」的時候，但也並非全無價值。因為其中存有期望「漢治」達到這種境界的意義在。他也注重形式之宏偉與數大之美，所以不只他的賦是長篇大賦，就是《漢書》的篇幅遠過《史記》亦不以為嫌。在歷史想像之運

用方面，班固更能貼近史實，至其功力，雖未能媲美馬遷，但也頗有「繪聲繪影」，「見骨生象」之能。《漢書》本身雖非文學作品，但亦見敘事之美。不但直敘史事時，有聲有色，神靈活現，對於抽象、具象、虛寫、實寫，也俱擅妙場，精采可觀；營造情感氣氛與境界方面也很成功。對話的應用，亦自然生動而符合身份，甚至一些稱呼只用官名也顯得古雅可親。此外更有辭複多重，卻不顯冗沓枯弱，反倒有親切感之處。而《漢書》行文，不但詳贍通順，其音聲節奏，也是抑揚有致，頓挫得宜，是謂辭暢氣流。就是罵人的話，讀起來也口吻利調，鏗鏘悅耳。不過總體言之，《漢書》雖有音節、駢偶、詳贍之勝，但在風神與氣勢方面則遠遜於《史記》。

第八節　《漢書》歷史哲學定位之問題

以上主要闡明《漢書》究竟有什麼樣的「歷史哲學」或「歷史思考」。這也是第一層次的問題，而第二層次的問題則是，《漢書》歷史哲學在中國古代歷史哲學史上的定位問題。換言之，也就是《漢書》歷史哲在中國古代歷史哲學史上，所呈現的意義。

歷史哲學的目的，不外對歷史撰述之本身及歷史事件提供看法與觀點。前者包括撰史的體例、撰述的理念與立場、選擇（剪裁與判斷）與解釋等問題；後者則包括歷史之走向、天人之關係、經國之理論、處世之態度以及文藝觀點等問題。以《春秋》一書而論，司馬遷引董仲舒之意認為，這是一本「是非二百四十二年之中，以為天下儀表，貶天子，退諸侯，討大夫，以達王事」的著述。這也顯示孔子是一個有「歷史意識」的人，他寫《春秋》是有「目的」的。司馬遷自己也認為《春秋》「上明三王之道，下辨人事之紀，別嫌疑，明是非，定猶豫，善善惡惡，賢賢賤不肖，存亡國，繼絕世，補敝起廢」，是「王道之大者」。

有歷史意識，又有著作之人，多會關心其著作以及歷史的發展。所以孔子著《春秋》，必大書「元年，春王正月」；必「正名分」，並且「為賢者諱、為親者諱，為尊者諱」。這就是他對著作體例或是義例的重視。所以《春秋》不僅是經書，也是史書真正的源頭。《論語・為政》記載，孔子回答子張「十世可知」之問說：「殷因於夏禮，所損益，可知也。周因於殷禮，所損益，可知也。其或繼周者，雖百世可知也。」這是他對於歷史文化變遷的了解與掌握。〈衛靈公〉載顏淵問「為邦」，他說：「行夏之時，乘殷之輅，服周之冕，

樂則韶舞……」這是他對於歷史文化擇善而從之觀念。〈八佾〉所載孔子之言：
「周監於二代，郁郁乎文哉，吾從周。」又說：「如有用我者，吾其爲東周乎！」
就是他揭示的文化構圖，也表示他對周文的信心。而戰國末至漢初出現的《禮
記》，其中的〈禮運篇〉，也描述了他對大同之世的願景與想境，雖是一種政
治理想，也是他對歷史的終極期待。

　　對於政治，孔子主張導民以德，在上位者只須做好榜樣就夠了。他認爲
寧可去兵、去食，「自古皆有死」，但「民無信不立」。經濟方面他也提出了「均
無貧、和無寡、安無傾」的觀點。他處世的主要理念是仁、義、禮。對於自
我之完成與實現，方法上，他主張「不怨天，不尤人，下學而上達」；程序上，
他說「吾十有五而志於學，三十而立，四十不惑，五十而知天命，六十而耳
順，七十而從心所欲不逾矩。」總之，對於個人身心之安頓、社會倫理之建
構以及歷史邦國之走向，他都有所關懷。因此，可以說，在中國歷史哲學上，
孔子有著開山立派的宗主地位，又由於其小事因時制宜的活潑與基本大原則
的固守，故而垂示了一個從個人到整個社會，合乎現實的理想完型。

　　至於《尚書》，雖亦被目爲記言之史，實則多本於號令，所載皆典、謨、
訓、誥、誓、命之文，其歷史哲學，除一些民本思想較爲重要外，大抵零碎
難成系統。

　　接下來的左丘明，他撰述《左傳》的動機，據司馬遷說法是，孔子作《春
秋》，因「有所刺譏褒諱挹損之文辭不可以書見」，而七十子之徒口授孔子的
「傳指」，左丘明害怕「弟子人人異端，各安其意，失其眞，故因孔子、史記
具論其語，成《左氏春秋》」可見，其著作之意，只在防堵弟子之誤會，而力
免歷史之失眞，間雖亦有「君子曰」，以寄一己之意慨，而多道德判斷，至其
歷史哲學，自無能逾越孔子。反倒是孟子，他並無歷史著作，但由於宣統論
道的關係，而〈滕文公下〉有「天下之生久矣，一治一亂」；〈公孫丑下〉有
「五百年必有王者興」的說法。並有天下定於一，而「唯仁者能一之」的強
烈主張。

　　至漢司馬遷，歷述黃帝以來，至太初而迄，重新建構史著體例，創爲本
紀、表、書、世家、列傳五體，爲往後史著開闢一條康莊大道，並升降其間，
以寓褒貶。其以黃帝做爲中國歷史的開端，亦有其一定的意義。他將個人的
意思表述與評論，獨立於史實內容之外，而顏以「太史公曰」，開啓史評、史
論與史實分離的原則。處世方面，他高標仁義，隆崇德讓。他正式標舉「究
天人之際，通古今之變，成一家之言」的著史目的與哲學要求。他懷疑天道，

主張落實人生於盡人事之處，而以「立名」爲人生積極追求之目標。也提出「質文代變」，「物盛而衰，時極而轉」的結論。就歷史哲學言，孔子是依於倫理學立說，而言歷史變遷之實然與人事之當然；司馬遷則是依史學立說，不獨言歷史變遷之實然，也突顯了史家著述之應然。孔子開基，史遷立論，中國歷史哲學這才可得而述。

班固將司馬遷所立史著五體，加以裁減、整齊，而爲紀、傳、志、表。一般並認爲他開斷代之先河，其實開斷代之先河只是一端，班固另一創舉是「不寫當代史」，這開啓了「後世修前代史」的不成文規定，而爲客觀意識的一種象徵。志體的建立，也完備了典章制度的保存，尤其是〈藝文志〉總括學術之流變，有漢一代之朝章國典、瀚墨文章無不備舉。體例方面自班固以後也更加的嚴謹。在政經思想方面，他大抵前有所承，但對於刑法卻有深見，〈刑法志〉綜述刑法之流變，並寄寓了一己之理念、觀點，盼望成、康刑措時代之再臨，極顯人道之關懷。處世方面，他力主「明哲保身」，而爲後代之普世準則之一。天人關係的看法上，他受董仲舒、劉向、劉歆等人的影響頗深，而帶有神祕的色彩，這是他最爲後人詬病之所在，但仍保有人文色彩的一面，尤其他的〈幽通賦〉，對歷史最幽深不可解的機轉，有著圓融的消解，這是他極爲顯著的成就之一。通變方面，他一方面承孔子與史遷之說，亦申質文代變之旨，但另一方面也接收鄒衍五德終始之說，但基本上，他採五德終始是爲說明漢家政權的正當化而提的旁證，於歷史之變遷言，倒無多大意義，故其說後世不採。在客觀意識上，班固較馬遷更進一步，他稱美馬遷之實錄，實有爲後世定制之意，他也運用了更多的檔案資料，突顯歷史之眞實與正義，文字的剪裁上亦爲後世所難迄及。歷史意識方面，馬遷多關心未來歷史的走向，班固則注意現在的狀況如何（是否已勝往昔？）與解決之道，也垂示一定之願景。

馬、班二人皆以孔聖爲宗，都以儒家思想爲中心，都帶一些道家色彩（史遷較多些），但二人「最深層」的「意識形態」卻大有差異：子長面對漢武，背向劉邦，證立了道義與美名之可貴，也展現了他理想性的一面；孟堅則背向王莽，面對明、章，闡明了生存與安定之重要，也顯示了他現實性的一面。然而，當從歷史的著作中抽身，司馬遷記取歷史之教訓，不再爲友人北軍使者任安說項，征和二年（前 91 年），任安終受腰斬之刑；班固遺忘歷史之教訓，腐化於權力欲望之門，終於身殺名裂，爲後世戒。而更由於二人境遇與意志力之不同，一位終成歷史，一位則猶待來者。

參考資料

一、《漢書》及其相關研究論著

1. 漢・班固等著，清・張溥編，《漢魏六朝百三名家集・班蘭臺集》，上海：掃葉書房，1917 年。

2. 漢・班固著，清・王先謙補注，《漢書補注》，北京：中華書局，1983 年。

3. 漢・班固著，《新校本漢書并附編二種五》，臺北：鼎文書局，1986 年。

4. 宋・倪思著，《班馬異同》，臺北：臺灣商務印書館（四庫全書本），1983 年。

5. 宋・錢時著，《兩漢筆記》，臺北：臺灣商務印書館（四庫全書本），1983 年。

6. 宋・林越輯，明・凌迪知增輯，《兩漢雋言》，臺北：臺灣商務印書館（四庫全書本），1983 年。

7. 宋・婁機撰、李曾伯補遺，《班馬字類》，北京：中華書局（叢書集成初編），1985 年。

8. 宋・倪思撰、劉辰翁評，《班馬異同評》，臺南：莊嚴文化事業有限公司（四庫全書本），1996 年。

9. 宋・吳仁杰訂補，《兩漢刊誤補遺》，北京：書目文獻出版社（知不足齋叢書本），1996 年。

10. 明・凌稚隆訂補，《史漢異同補評》，明萬曆年間吳興凌氏刊本，1573～1619 年。

11. 明・凌稚隆輯校，《漢書評林》，明萬曆年間吳興凌氏刊本，1573～1619 年。

12. 明・穆文熙輯，《四史鴻裁》，臺北：臺灣商務印書館（四庫全書本），1983 年。

13. 明‧成孺（蓉鏡）著，《史漢駢枝》，北京：中華書局（叢書集成初編），1991 年。

14. 明‧許相卿著，《史漢方駕》，臺南：莊嚴文化事業有限公司（四庫全書本），1996 年。

15. 明‧唐順之著，《兩漢疑解》，臺南：莊嚴文化事業有限公司（四庫全書本），1996 年。

16. 明‧童養正著，《史漢文統》，臺南：莊嚴文化事業有限公司（四庫全書本），1997 年。

17. 清‧章詒燕著，《史漢諍言》，光緒壬辰年五月七日鈔成，1892 年。

18. 清‧沈欽韓著，《漢書疏證》，光緒二十六年浙江官書局刊本，1900 年。

19. 清‧李慈銘著，《漢書札記》，北平：北海圖書館，1929 年。

20. 清‧周壽昌著，《漢書注校補》，臺北：鼎文書局，1977 年。

21. 清‧梁玉繩等，《史記漢書諸表訂補十種》，北京：中華書局，1982 年。

22. 清‧錢大昭著，《漢書辨疑》（叢書集成初編），北京：中華書局，1985 年。

23. 清‧沈家本著，《漢書瑣言》，北京：書目文獻出版社，1996 年。

24. 清‧杭世駿著，《漢書蒙拾》，北京：書目文獻出版社，1996 年。

25. 鄭鶴聲著，《史漢研究》，上海：商務印書館，1933 年。

26. 施之勉著，《漢書補注辨正》，香港：新亞研究所，1961 年。

27. 潘椿重訂著，《史漢初學辨體》，臺北：文海出版社，1974 年。

28. 楊樹達著，《漢書管窺》，臺北：世界書局，1974 年。

29. 季洛生著，《史漢文辭異同斠釋》，臺北：弘道文化事業有限公司，1975 年。

30. 劉咸炘著，《四史知意》，臺北：鼎文書局，1976 年。

31. 李師威熊著，《漢書導讀》，臺北：文史哲出版社，1977 年。

32. 周壽昌、陳直著《周陳二氏漢書補證合刊》，臺北：鼎文書局，1977 年。

33. 陳直著，《漢書新證》，天津：人民出版社，1979 年。

34. 鄭鶴聲著，《漢班孟堅先生固年譜》，臺北：臺灣商務印書館，1980 年。

35. 吳恂著，《漢書注商》，上海：上海古籍出版社，1983 年。

36. 徐朔方著，《史漢論稿》，南京：江蘇古籍出版社，1984 年。

37. 李景星著，《四史評議》，長沙：岳麓書社，1986 年。

38. 王明通著，《漢書導論》，臺北：康橋出版事業公司，1987 年。

39. 王錦貴著，《漢書和後漢書》，北京：人民出版社，1987 年。

40. 吳福助著,《史漢關係》,臺北:文史哲出版社,1987 年。

41. 吳福助著,《漢書採錄西漢文章探討》,臺北:文津出版社,1988 年。

42. 安作璋著,《班固與漢書》,臺北:學海出版社,1991 年。

43. 李德銘著,《漢書札記》,長沙:岳麓書社,1994 影印本。

44. 陳其泰著,《再建豐碑:班固和漢書》,北京:三聯書店,1994 年。

45. 朴宰雨著,《史記漢書比較研究》,北京:國學出版社,1994 年。

46. 史學海著,《漢書校證》,北京:書目文獻出版社,1996 年。

47. 王峻著,《漢書正誤》,北京:書目文獻出版社,1996 年。

48. 倉修良,《漢書辭典》,山東:教育出版社,1996 年。

49. 安作璋,《班固評傳》,南寧市:廣西教育出版社,1996 年。

50. 佐村八郎,《漢書解題事典全》,東京:東京出版社,1997 年。

51. 盧敦基,《風起雲揚:漢書隨筆》,杭州:浙江文藝出版社,1999 年。

二、語涉《漢書》之筆記或文集

1. 宋·王應麟撰,清·翁元圻注,《困學紀聞注》,臺北:臺灣中華書局(四部備要),1966 年。

2. 宋·洪邁著,《容齋隨筆》,上海:古籍出版社,1996 年。

3. 金·王若虛著,《滹南遺老集》,臺北:臺灣商務印書館(四部叢刊正編),1979 年。

4. 明·焦竑著,《焦氏筆乘》,臺北:廣文書局,1970 年。

5. 清·陳漢章著《綴學堂初稿》,光緒間刊本,1875~1908 年。

6. 清·王肇昭、徐鴻筠、朱錦綬合著,《讀漢書日記》,學古堂日記,清光緒二十二年刊本,1896 年。

7. 清·錢謙益著《牧齋初學集》,上海:商務印書館(四部叢刊初編),1929 年。

8. 清·汪之昌著,《青學齋集》,家刊本,1931 年。

9. 清·邵晉涵著,《南江文鈔》,海虞·瞿式,鐵琴銅劍重修印本(晉石叢書),1934 年。

10. 清·盧文弨著,《抱經堂文集》,上海:商務印書館(叢書集成初編),1935 年。

11. 清·曾國藩著,《曾文正公全集》,臺北:世界書局,1958 年。

12. 清·趙翼著,《陔餘叢考》,臺北:世界書局,1960 年。

13. 清·梁章鉅著,《退菴隨筆》,臺北:廣文書局,1960 年。

14. 清·李慈銘著,《越縵堂讀書記》,臺北:世界書局,1961 年。

15. 清・顧炎武著，黃汝成集釋，《日知錄集釋》，臺北：世界書局，1962年。

16. 清・凌揚藻著，《蠡勺編》，臺北：臺灣商務印書館（叢書集成簡編），1965年。

17. 清・洪頤著，《讀書叢錄》，臺北：廣文書局，1966年。

18. 清・汪琬著，《堯峰文鈔》，臺北：臺灣商務印書館（四部叢刊初編），1967年。

19. 清・姚範著，《援鶉堂筆記》，臺北：廣文書局，1969年。

20. 清・曾國藩著，《求闕齋讀書錄》，臺北：廣文書局，1969年。

21. 清・章學誠著，《章實齋札記四種》，臺北：廣文書局，1971年。

22. 清・姚鼐著，《惜抱軒筆記》，臺北：廣文書局，1971年。

23. 清・沈濤著，《銅熨斗齋隨筆》，臺北：文海出版社，1972年。

24. 清・錢大昕著，《十駕齋養新錄》，臺北：鼎文書局，1979年。

25. 清・朱鶴齡著，《愚庵小集》，臺北：臺灣商務印書館（四庫全書本），1983年。

26. 清・何焯著，《義門讀書記》，北京：中華書局（學術筆記叢刊），1987年。

27. 清・戴名世著，《南山集》，臺北：文海出版社（近代中國史料叢刊），1988年。

28. 清・方苞著，《方望溪先生文集》，上海：上海書店（四部叢刊初編），1989年。

29. 清・牛運震著，《讀史糾謬》，山東：齊魯書社，1989年。

30. 清・李漁著，《閑情偶寄》，臺北：長安出版社，1990年。

31. 清・沈登瀛著，《深柳堂文集》，上海：上海書店（叢書集成續編），1994年。

32. 清・趙紹祖著，《讀書偶記、消暑錄》，北京：中華書局，1997年。

33. 梁啓操著，《飲冰室全集》，上海：中華書局，1930年。

34. 王國維著，《王觀堂先生全集》，臺北：文華出版公司，1968年。

35. 羅振玉著，《羅雪堂先生全集》，臺北：文華出版公司，1970年。

36. 劉師培著，《劉申叔先生遺書》，臺北：華世書局，1975年。

37. 錢鍾書著，《管錐篇》，北京：中華書局，1989年。

三、歷史哲學及其相關研究論著

1. 史賓格勒著陳曉林譯，《西方的沒落》，臺北：桂冠出版社，1978年。

2. 巴柏著李豐斌譯，《歷史定論主義的窮困》，臺北：聯經出版事業公司，1981年。

3. 羅光著，《中外歷史哲學之比較》，臺北：中央文物供應社，1982年。

4. 羅光著，《歷史哲學》，臺北：臺灣商務印書館，1983年。

5. 柯靈烏著黃宣範譯，《歷史的理念》，臺北：聯經出版事業公司，1986年。

6. 杜玉亭著，《探索歷史法則的足跡》，雲南人民出版社，1986年。

7. 朵木伊森著胡昌智譯，《歷史知識的理論》，臺北：聯經出版事業公司，1987年。

8. 威爾杜蘭夫婦著鄭緯民譯，《歷史的教訓》，臺北：巨流圖書公司出版，1987年。

9. 湯恩比著曹未風等譯，《歷史研究》，上海：人民出版社，1987年。

10. 張文傑等編譯，《現代西方歷史哲學論文集》，臺北：谷風出版社，1987年。

11. 余英時著，《歷史與思想》，臺北：聯經出版事業公司，1988年。

12. 牟宗三著，《歷史哲學》，臺北：學生書局，1988年。

13. 華雪著，王任光譯，《歷史哲學》，臺北：幼獅文化事業公司，1988年。

14. 黑格爾著謝詒徵譯，《歷史哲學》，臺北：水牛出版社，1989年。

15. 金觀濤劉青峰合著，《興盛與危機》，臺北：風雲時代出版公司，1989年。

16. 黃俊傑等著，《天道與人道》，臺北：聯經出版事業公司，1989年。

17. 周梁楷著，《近代歐州史家及史學思想》，臺北：唐山出版社，1990年。

18. 卡西爾著羅興漢譯，《符號神話文化》，臺北：結構群文化事業公司1990年。

19. 王章陵著，《論馬克斯的歷史哲學》，臺北：幼獅文化事業公司，1990年。

20. 卡爾著王任光譯，《歷史論集》，臺北：幼獅文化事業公司，1990年。

21. 吳光明著，《歷史與思考》，臺北：聯經出版事業公司，1990年。

22. 康德著，何兆武譯，《歷史理性批判文集》，北京：商務印書館，1991年。

23. 黃進興著，《歷史主義與歷史理論》，臺北：允晨文化實業公司，1992年。

24. Jocob Burckhardt 著，施忠連譯，《歷史的反思》，臺北：桂冠圖書股份有限公司，1992年。

25. 韓震著，《西方歷史哲學導論》，山東：人民出版社，1992年。

26. 李秋零著,《德國哲人視野中的歷史》,北京:中國人民大學出版社,1994 年。

27. Keith Jenkins 著,賈士蘅譯《歷史的再思考》,臺北:麥田出版社,1996 年。

四、史籍與史學相關論著

1. 周·孔丘等編,唐·孔穎達等疏,《十三經注疏》,臺北:藝文印書館,1993 年。

2. 周·左丘明著,楊伯峻注,《春秋左傳注》,臺北:復文圖書出版社,1991 年。

3. 周·左丘明著,三國吳·韋昭注,《國語》,臺北:宏業書局,1980 年。

4. 宋·朱熹著,《四書章句集注》,臺北:大安出版社,1987 年。

5. 清·劉寶楠著,《論語正義》,臺北:文史哲出版社,1990 年。

6. 漢·司馬遷等著,《新校標點廿五史》,臺北:洪氏出版社,1974 年。

7. 漢·司馬遷著,瀧川龜太郎考證,《史記會注考證》,臺北:洪氏出版社,1986 年。

8. 漢·劉向著、趙善詒疏證,《說苑疏證》,上海:華東師大出版社,1985 年。

9. 漢·劉向集錄,《戰國策》,臺北:里仁書局,1990 年。

10. 漢·荀悅著,《漢紀》,臺北:商務印書館,1971 年。

11. 晉·袁宏撰,周天游校注,《後漢紀校注》,天津:古籍出版社,1987 年。

12. 南朝宋·范曄著,《新校本後漢書并附編十三種》,臺北:鼎文書局,1987 年。

13. 唐·劉知幾著、清·浦起龍釋,《史通通釋》,臺北:里仁書局,1980 年。

14. 唐·魏徵等著,《隋書》,臺北:鼎文書局,1990 年。

15. 宋·鄭樵著,《通志》,臺北:新興書局,1959 年。

16. 宋·司馬光著,胡三省著,《資治通鑑》,臺北:啓明書局,1960 年。

17. 宋·徐天麟著,《西漢會要》,臺北:世界書局,1960 年。

18. 宋·胡寅著,《致堂讀史管見》,臺北:臺灣商務印書館(宛委別藏),1981 年。

19. 清·顧炎武著,《日知錄》,臺北:世界書局,1962 年。

20. 清·張燧著,《讀史舉正八卷》,臺北:藝文印書館(百部叢書集成七十二),1965 年。

21. 清‧全祖望著，《經史問答十卷》，臺北：廣文書局，1971 年。

22. 清‧王鳴盛著，《十七史商榷》，臺北：鼎文書局，1979 年。

23. 清‧錢大昕著，《廿二史考異一百卷》，臺北：鼎文書局，1979 年。

24. 清‧章學誠著，葉瑛校注，《文史通義校注》，臺北：里仁書局，1984 年。

25. 清‧王夫之著，《讀通鑑論》（與《宋論合刊》），臺北：里仁書局，1985 年。

26. 清‧趙翼著，《廿二史劄記及補編》，臺北：鼎文書局，1992 年。

27. 清‧阮元輯，《致史堂讀史管見》，上海：上海書店（叢書集成續編），1994 年。

28. 清‧沈家本著，《讀史瑣言》，北京：書目文獻出版社，1996 年。

29. 李源澄著，《秦漢史》，上海：商務印書館，1947 年。

30. 施之勉著，《漢史辨疑》，臺北：中央文物供應社，1954 年。

31. 安作璋著，《漢史初探》，上海：學習出版社，1955 年。

32. 施之勉著，《秦漢史》，香港：太平書局，1962 年。

33. 姜亮夫著，《歷代名人年里碑傳總表》，臺北：臺灣商務印書館，1975 年。

34. 鄒紀萬著，《秦漢史》，臺北：長橋出版社，1979 年。

35. 張維華著，《漢史論集》，濟南‧齊魯書社，1980 年。

36. 韓復智著，《漢史論集》，臺北：文史哲出版社，1980 年。

37. 四川師大歷史系編，《秦漢史論叢》，成都：巴蜀書社，1981 年。

38. 傅樂成著，《漢唐史論集》，臺北：聯經出版事業公司，1981 年。

39. 廖吉郎著，《兩漢史籍研究》，臺北：廣東出版社，1981 年。

40. 蔣祖怡著，《史學纂要》，臺北：正中書局，1981 年。

41. 錢穆著，《史學導言》，臺北：中央日報社，1981 年。

42. 蔣祖怡著，《史學纂要》，臺北：正中書局，1981 年。

43. 高敏著，《秦漢史論集》，鄭州：中州書畫社，1982 年。

44. 翦伯贊著，《秦漢史》，北京：北京大學出版社，1983 年。

45. 楊聯陞著，《國史探微》，臺北：聯經出版事業公司，1984 年。

46. 柳詒徵著，《中國文化史》，臺北：臺灣中華書局，1984 年。

47. 梁啟操著，《中國歷史研究法》，臺北：臺灣中華書局，1985 年。

48. 甲凱著，《史學通論》，臺北：學生書局，1985 年。

49. 勞榦著，《秦漢史》，臺北：文化大學出版社，1986 年。

50. 金靜庵著，《中國史學史》，臺北：鼎文書局，1986 年。

51. 李宗侗著，《中國史學史》，臺北：中國文化大學出版部，1986 年。

52. 李宗侗著，《史學概要》，臺北：正中書局，1986 年。

53. 邢義田著，《秦漢史論稿》，臺北：東大圖書公司，1987 年。

54. 姚秀彥著，《秦漢史》，臺北：三民書局，1987 年。

55. 錢穆著，《國史大綱》，臺北：臺灣商務印書館，1987 年。

56. 逯耀東著，《史學危機的呼聲》，臺北：聯經出版事業公司，1987 年。

57. 杰弗里巴勒克拉夫著，楊豫譯，《當代史學之要趨勢》，上海：澤文出版社，1987 年。

58. 錢穆著，《中國史學名著》，臺北：三民書局，1988 年。

59. 汪榮祖著，《史傳通說》，臺北：聯經出版事業公司，1988 年。

60. 蔡石山著，《西洋史學史》，臺北：國立編譯館，1988 年。

61. 杜維運著，《與西方史家論中國史學》，臺北：東大圖書公司，1988 年。

62. 許倬雲著，《中國古代文化之特質》，臺北：聯經出版事業公司，1988 年。

63. 杜維運著，《中西古代史學之比較》，臺北：東大圖書公司，1988 年。

64. 陳茂同著，《歷代職官延革史》，上海：華東師範大學，1988 年。

65. 林劍鳴著，《秦漢史》，上海：人民出版社，1989 年。

66. 徐復觀著，《兩漢思想史》，臺北：學生書局，1989 年。

67. 簡俊聰著，《歷史學的本質》，臺北：五南圖書出版社，1989 年。

68. 蘇·巴爾格著，《歷史學的範疇與方法》，北京：華夏出版社，1989 年。

69. 翦伯贊著，《史料與史學》，上海：上海書店，1989 年。

70. 甘特、施奈德合著，涂永清譯，《史學導論》，臺北：水年出版社，1990 年。

71. 雷家冀著，《中古史學觀念史》，學生書局，1990 年。

72. 杜維運著，《史學方法論》，三民書局總經銷，1991 年。

73. 嚴耕望著，《治史經驗談》，臺北：臺灣商務印書館，1991 年。

74. 汪籛著，《漢唐史論稿》，北京：北京大學出版社，1992 年。

75. 錢穆著，《秦漢史》，臺北：東大圖書公司，1992 年。

76. 趙克堯著，《漢唐史論集》，上海：復旦大學出版社，1993 年。

77. 杜維運著，《中國史學史》，三民書局，1993 年。

78. 楊豫著，《西方史學史》，江西：人民出版社，1993 年。

79. 張廣智、張廣勇著，《史學：文化中的文化》，臺北：淑馨出版社，1994 年。

80. 中國秦漢史研究會編，《秦漢史論叢》，南昌：江西教育出版社，1994年。

81. 張廣智著，《西方史學散論》，臺北：淑馨出版社，1995年。

82. 何兆武著，《歷史與歷史學》，香港：牛津大學出版社，1995年。

83. 饒宗頤著，《中國史學上之正統論》，上海：上海遠東出版社，1996年。

84. 許冠三著，《大（活）史學問答》，臺北：桂冠圖書股份有限公司，1996年。

85. 白壽彝著，《中國史學史論集》，北京：中華書局，1999年。

五、子部、集部及其相關研究論著

1. 周·荀況著，李滌生集釋，《荀子集釋》，臺北：學生書局，1991年。

2. 漢·王充著，《論衡》，臺北：世界書局，1962年。

3. 南齊·顏之推著，王利器注，《顏氏家訓集解》，臺北：漢京文化事業有限公司，1983年。

4. 侯外盧主編，《中國思想通史》，北京：人民出版社，1957年。

5. 周紹賢著，《兩漢哲學》，臺北：文景出版社，1972年。

6. 勞思光著，《新編中國哲學史》，臺北：三民書局，1981年。

7. 田中麻紗巳著，《兩漢思想研究》，東京都：研文出版社，1986年。

8. 牟宗三著，《歷史哲學》，臺北：學生書局，1988年。

9. 于首奎著，《兩漢哲學新探》，成都：四川人民出版社，1988年。

10. 馮友蘭著，《中國哲學史》，臺北：藍燈出版社，1989年。

11. 袁濟喜著，《兩漢精神世界》，北京：中國人民大學出版社，1992年。

12. Michel Foucault 著，王德威譯，《知識的考掘》，臺北：麥田出版社，1993年。

13. 盛寧著，《新歷史主義》，臺北：揚智出版社，1996年。

14. 王岳川著，《文化話語與意義蹤跡》，四川：人民出版社，1997年。

15. 陳麗桂老師主編，《兩漢諸子研究論著目錄》，臺北：漢學研究中心，1998年。

16. 王岳川著，《後現代主義文化研究》，臺北：淑馨出版社，北京大學出版社合作出版，1998年。

17. 馬永慶等著，《誰主宰世界·兩漢哲學》，瀋陽：遼海出版社，1998年。

18. Steven Best and Douglas Kellner 著，張志斌譯《後現代理論》，北京：中央編譯出版社，1999年。

19. 周·屈原等著，洪興祖補注，《楚辭補注》，臺北：大安出版社，1995年。

20. 漢・揚雄著，張震校注，《揚雄集校注》，上海：古籍出版社，1993 年。

21. 梁・蕭統著，李善著，《昭明文選》，臺北：漢京文化事業公司，1983 年。

22. 林尹編，《兩漢三國文章》，臺北：中華叢書編審委員會，1958 年。

23. 龍得志著，《兩漢文學研究》（中央研究院藏），1972 年。

24. 朱榮智著，《兩漢文學理論之研究》，臺北：聯經出版事業公司，1978 年。

25. 方孝岳、瞿兌之著，《中國散駢文概論》，臺北：莊嚴出版社，1981 年。

26. 何沛雄編，《賦話六種》（增訂本），香港：三聯書店，1982 年。

27. 李師威熊等編《中國文學講話一》，臺北：巨流圖書公司，1985 年。

28. 高步瀛選注，陳新點校，《兩漢文舉要》，北京：中華書局 1990 年。

29. 康金聲著，《漢賦縱橫》，山西：人民出版社，1992 年。

30. 趙明等主編，《兩漢大文學史》，長春市：吉林大學出版社，1998 年。

31. Terry Eagleton 著，吳新發譯，《文學理論導讀》，臺北：書林出版有限公司，1998 年。

六、其他學術專書

1. 陶希聖著，《兩漢經濟史》，上海：商務印書館，1930 年。

2. 劉師培著，《兩漢學術發微論》，臺北：國民出版社，1959 年。

3. 楊樹藩著，《兩漢地方制度》，臺北：政治大學，1963 年。

4. 狩野直喜著，《兩漢學述考》，東京都：筑麻，1964 年。

5. 王雲五著，《兩漢三國政治思想》，臺北：臺灣商務印書館，1968 年。

6. 韓復智著，《兩漢的經濟思想》，臺北：中國學術著作獎助委員會，1969 年。

7. 李偉泰著，《兩漢尚書學及對當時政治之影響》，臺北：臺灣大學文學院，1976 年。

8. 郭垣著，《國史上的理財家》，臺北：中央文物共應社，1978 年。

9. 施昌東著，《漢代美學思想述評》，北京：中華書局，1981 年。

10. 鄒紀萬著，《兩漢土地問題研究》，臺北：國立臺灣大學出版委員會，1981 年。

11. 韓忠謨著，《刑法原理》，自印本，臺大法學院事務處經銷，1982 年。

12. Robert L. Heilbroner 著，蔡伸章譯，《改變歷史的經濟學家》，臺北：志文出版社，1983 年。

13. 楊樹藩著，《兩漢中央制度與法儒思想》，臺北：臺灣商務印書館，1986 年。

14. 錢穆著,《兩漢經學今古文平議》,臺北:東大圖書公司,1986 年。

15. A. N. Whitehead 著,傅佩榮譯,《科學與現代世界》,臺北:黎明文化事業公司,1987 年。

16. 李澤厚、劉綱紀著,《兩漢美學史》,臺北:金楓出版社,1987 年。

17. 劉綱紀、李澤厚主編,《中國美學史》,臺北:谷風出版社,1987 年。

18. 蔡墩銘著,《犯罪心理學》,臺北,黎明文化事業公司,1988 年。

19. Filiper Bagby 著,夏克等譯,《文化:歷史的投影》,臺北:谷風出版社,1988 年。

20. Roger cotterrell 著,潘大松、劉海善等譯,《法律會學導論》,北京:華夏出版社,1989 年。

21. 周叔厚著,《證據法論》,臺北:國際文化事業公司,1989 年。

22. Durkheim(涂爾幹)著,黃丘隆譯,《社會學研究方法論》,臺北:結構群文化事業有限公司,1990 年。

23. 章權才著,《兩漢經學史》,臺北:萬卷樓圖書公司,1990 年。

24. 呂理政著,《天、人、社會》,臺北:中央研究院民族學研究所,1990 年。

25. 林山田、林東茂著,《犯罪學》,臺北:三民書局,1990 年。

26. Harold Lasswell 著,和敏譯,《政治:論權勢人物的成長、時機與方法》,臺北:時報文化公司,1991 年。

27. 哈伯馬斯著,尼克森‧史達克英譯,杜奉賢、陳龍森中譯,姜新立校訂,《論社會科學的邏輯》,臺北:結構群文化事業有限公司,1991 年。

28. Martin P. Golding 著,廖天美、結構編輯群編,《法律哲學》,臺北:結構群文化事業有限公司,1991 年。

29. 林金源著、林俊碩編著,《貨幣銀行學》,臺北:三民書局,1992 年。

30. 孔慶明著,《秦漢法律史》,西安:陝西人民出版社,1992 年。

31. 吳庚著,《韋伯(Max Weber)的政治理論及其哲學基礎》,臺北:聯經出版事業公司,1993 年。

32. Elvin Hatch 著,于嘉雲譯,《文化與道德:人類學中價值觀的相對性》,臺北:時報文化公司,1994 年。

33. 湯志鈞著,《兩漢經學與政治》,上海:上海古籍出版社,1994 年。

34. 錢杭著,《兩漢經學與政治》(傅斯年圖書館藏),1994 年。

35. Philip K. Y. Young、John J. McAuley 著,林德益譯,《經濟學》,臺北:智勝文化事業有限公司,1995 年。

36. 曾資生著,《兩漢文官制度》,上海:上海書局,1996 年。

37. 李時珍編著,《經濟學原理》,臺北:智勝文化事業有限公司,1996 年。

38. Thomas S. Kuhn 著，程樹德、錢永祥等譯，《科學革命的結構》，臺北：遠流出版事業股份有限公司，1998 年。

七、學位及期刊論文

1. 于大成等著《漢書論文集》，木鐸出版社，1976 年。

2. 李志文著，《班固之經學》，香港：私立珠海大學中國文學研究所碩士論文，王韶生教授指導，1970 年。

3. 夏長樸著，《兩漢儒學研究》，臺北：國立臺灣大學中國文學研究所碩士論文，1974 年。

4. 李志文著，《司馬遷班固對先秦諸子之評價》，香港：私立珠海大學中國歷史學研究所博士論文，蘇瑩輝教授指導，1986 年。

5. 陳熾明著，《班彪班固思想研究》，香港：私立珠海大學中國文學研究所碩士論文，李志文教授指導，1991 年。

6. 黃沛榮編，《史記論文選集》，臺北：長安出版社，1989 年。

7. 鄭君琪著，《班固的教育思想》，香港：私立珠海大學中國文學研究所碩士論文，李志文教授指導，1996 年。

8. 中國科學院考古所洛楊工作隊，〈漢洛陽城南郊的刑徒墓地〉，《考古》，1972 年四期。

9. 馬先醒，〈諸好事者與漢書譔者〉，《華崗學報》八期，1974 年 7 月。

10. 吳福助，〈史漢文學比較〉，《東海中文學報》一期，1979 年 11 月。

11. 尹章義，〈班固之生卒年〉，《食貨月刊》九卷十二期，1980 年 3 月。

12. 董金裕老師，〈司馬談論六家要旨與班固漢書藝文志諸子略析較〉，《孔孟月刊》十九卷一期，1980 年 9 月。

13. 陳靜，〈漢書論贊研究〉，《中華學苑》二十四卷二十五期，1980 年 9 月。

14. 劉修明，〈論時代價格——歷史研究中的一個問題〉，《史學史研究》，1981 年四期。

15. 雷家驥，〈漢書撰者質疑與試釋〉，《華學月刊》一二二期，1982 年 2 月。

16. 雷家驥，〈漢書撰者質疑與試釋〉，《華學月刊》一二三期，1982 年 3 月。

17. 賴明德，〈司馬遷與班固史學之比較〉，《中國學術年刊》四期，1982 年 6 月。

18. 陳梓權，〈漢書的文學價值〉，《中山大學學報》三期，1982 年。

19. 韓林德，〈班固美學觀初探〉，復旦大學《中國古代美學史研究》，1983 年。

20. 彭曦，〈試為《漢書‧五行志》拂塵〉，《天津師大學報》，1984 年四期。

21. 王利器，〈漢書材料來源考〉，《文史》二十一輯，1985 年。

22. 溫泮亞，〈班固及其《漢書》評價雛議〉，《鹽城師專學報》，1985 年二期。

23. 張蓓蓓，〈漢書古今人表對論語中人物之品第〉，《孔孟月刊》二十四卷三期，1985 年 8 月。

24. 馮一下，〈班固生平獻疑〉，《史學史研究》，1986 年二期。

25. 魏清峰，〈班固是文抄公？〉，《孔孟月刊》二十四卷十一期，1986 年 7 月。

26. 周洪才，〈歷代《漢書》研究述略〉，《齊魯學刊》，1987 年 3 月。

27. 閻崇東，〈就史記與漢書同一段歷史記載之分析比較〉，《內蒙古師大學報》，1987 年二期。

28. 劉隆有，〈試論《漢書》的學術成就〉，《天津師大學報》，1987 年五期。

29. 瞿東林，〈《史記》《漢書》比較〉，《文史知識》，1987 年十二期。

30. 陳其泰，〈《漢書》歷史地位再評價〉，《史學史研究》，1988 年一期。

31. 萬國政，〈《史》《漢》繁簡之我見：司馬遷、班固語言風格比較〉，《承德師專學報》，1988 年一期。

32. 章明壽，〈載筆敢言宗《史》《漢》：《史記》《漢書》筆法之異〉，《淮陽師專學報》，1988 年二期。

33. 白壽彝，〈司馬遷和班固〉，《山西師院學報》79 年三期，1990 年。

34. 王利器，〈漢書材料來源考〉，《曉傳書齋文史論集》，香港中文大學出版社，1989 年。

35. 王明通，〈班固裁鎔之探究──史記項羽本紀與漢書項籍傳文字比較研究〉，《中師院學報》五期，1991 年 6 月。

36. 李廣健，〈八○年代大陸學者漢書研究述略〉，《新史學》二卷二期，1992 年 6 月。

37. 倪慶竹，〈從漢書的體例談史漢以來正史之寫作〉，《內湖高工學報》六期，1993 年 4 月。

38. 蔡信發老師，〈史漢平議〉，《國立中央大學人文學報》，1994 年 6 月。